꽃향기, 풀내음 가득한
자연에서 만나는 하나님

평강의 주님께서 친히

때마다 일마다

평강을 주시기를 기도하며

특별히 _____ 님께

이 소중한 책을

드립니다.

꽃향기, 풀내음 가득한

자연에서 만나는 하나님

극동방송 / 사랑의 뜰안 - 곤지암 전원일기

김정숙 관장 지음

나침반

서문

"이 땅이, 우리의 꿈을 펼칠 곳이었다!"

30여년 전... 내가 예수님을 믿기 시작 할 때에, 내 마음 속엔 불빛 하나가 켜져 있었다. 그 불빛은 나를 자만하지 않게 지켜주었고, 좌절하지 않게 하였고, 용기를 가질 수 있게 하였다.

20여년 전... 난 알았다. 이렇게 오랜 세월 꺼지지 않는 불빛은 하나님께서 나에게 주신 꿈과 비젼의 불빛이라는 것을!
그 후 가슴속에 고이 품어 숙성시켰다.
나는 하나님 말씀대로 하나님의 때가 되면 이루어진다는 믿음을 가지고 기다렸다.

7년 전... 같이 기도하는 장로님의 소개로 곤지암 땅을 소개 받았다.
난 바로 알 수 있었다.
"아! 이땅이구나, 우리의 꿈을 펼칠 곳이!"

우리 부부는 은퇴한 후에 공기가 좋은 시골에 아담한 쉼터를 준비하여 영혼과 육체가 병든 사람들에게 다시 건강한 삶을 살 수 있도록 도와주는 사역을 하고 싶었다. 공기, 음식, 운동, 휴식, 햇볕, 절제, 믿음을 통해 잘못된 생활습관을 바꾸게 하여 새 삶을 살도록 도와주고 싶었다. 현대 각종 질병이 바이러스 때문이기 보다는 잘못된 습관에서 나오기 때문이다.

이제 그 일이 이뤄졌다.
지금 생각하면 그 일이 이뤄지길 기다리던 시간들은 하나님이 나에게 주신 보너스였다. 앞마당에 꽃밭을 일구어 여러가지 야생화를 심고 텃밭도 가꾸어 각종 채소를 심고… 일구고 가꾸면서 얼마나 행복한 시간들을 가졌는지 모른다.
자연과 더불어 살면서 모든 만물 속에 깃들어 있는 하나님의 신성과 사랑을 매일 느끼며 하나님과 깊은 교제를 하며 산다는 것이 무엇보다 기뻤다. 그때 자연을 통해 느끼며 하나님을 만났던 이야기를 일기로 썼다.

그러다 극동방송 "사랑의 뜰안"에서 "곤지암 전원 일기"라는 제목으로 1년 반 동안 방송하게 됐다.
그러던 중 방송을 청취한 주변 사람들이 책으로 만들어 달라고 권유해도, 몇 번이고 거절했지만 "바쁘게 사느라고 하루에 하나님이 만드신 하늘한번 쳐다보기도 어려운 이웃들에게 사시사철 아름답게 변하는 전원의 이야기를 들려줌으로 잠깐 쉼을 얻었으면 좋겠다"는 말에 이 책을 발행하게 됐다.

지금은 곤지암 전원에 곤지암힐링센터(Konjiam Healing Center)가 세워졌다.

이제는 아름다운 자연의 이야기보다 아름다운 사람들의 이야기를 쓰게 될 것 같다.

이 책이 나오기까지 항상 방송을 들어주고 도와준 남편에게 누구보다도 특별한 감사와 사랑을, 격려를 아끼지 않았던 나의 아들과 딸에게도 감사한다. 그리고 곤지암에서 농사를 지으며 살 수 있도록 도와준 관리인 이주임께 고마운 마음을 전한다. 특별히 항상 우리를 위해 기도해주시고 이 책을 추천해 주신 극동방송 이사장이신 김장환 목사님과 사람을 키우는데 탁월한 능력을 가진 극동방송 편성국장 공부영 이사님과 편성국 피디들에게 감사의 말을 전하고 싶다.

하나님 영광 받으소서.

빌립보서 2장 13절과 함께

김정숙

관장 - 곤지암힐링센터

"인생과 자연의 주인이신 하나님"

김장환 목사 (극동방송 이사장)

자연은 하나님의 능력과 신성을 우리에게 비춰줍니다.
그분의 손길이 닿았기 때문입니다.

수 년전 곤지암 자연 속으로 들어간 김정숙 권사는
하루하루 달라지는 숲속 풍경과 일상 가운데
하나님의 사랑과 질서를 보고 묵상하며
진솔한 일기를 써내려갔습니다.

꽃향기, 풀 냄새 가득한 그의 글은
극동방송에서 직접 읽혀지며
애청자들의 마음을 울렸습니다.

이제 한 권의 책으로 엮어진 이 책을 통해
인생과 자연의 주인이신 하나님의 말씀이
더 많이 사람들에게 전해지기를 기대합니다.

목차

**1부 혹독한 추위 속에서도
찬란한 위로의 봄을 주시는 하나님** 15

1. 흔한 것이 귀하다
2. 땅의 친구 지렁이
3. 새와 구덩이
4. 딱따구리
5. 생명 꽃 잔치
6. 개와 파수꾼
7. 내 사랑 한련화
8. 내가 왜 잡초야?
9. 오디

**2부 좋은 것을 별 수고없이
쉽게 얻게 하시는 하나님** 61

10. 진돌이
11. 빗속의 산책
12. 오묘한 자연의 섭리
13. 여름 달빛
14. 통나무 다리
15. 배롱나무 꽃
16. 봉선화

3부 볼품없는 모양새이지만 그대로 받아 주시는 하나님 101

17. 코스모스
18. 곤충들과 함께하는 삶
19. 단풍의 비밀
20. 감나무
21. 꽃밭과 마음 밭 정리
22. 가을 향기
23. 빨래 널기
24. 은행나무

4부 새콤 달콤한 맛을 입속에 가득 머금게 하시는 하나님 141

25. 고구마 수확
26. 보석 루비
27. 빠른 세월
28. 행복한 눈
29. 사랑의 김치
30. 흐르는 물
31. 소중한 여행

1부

혹독한
추위 속에서도
찬란한 위로의
봄을 주시는
하나님

1. 흔한 것이 귀하다

우리 집은 경기도 광주시 도척면에 있는 마을이다.

삼면이 태화산 자락으로 둘러싸인 언덕 숲속에 자리 잡은 이 마을은 서울보다 기온이 2~3도 정도 낮은 탓에 봄이 조금 늦게 온다.

그래서 우리 마을 숲속의 벚꽃은 아직 봉우리지만 대신 노란 산수유 꽃이 먼저 흐드러지게 피었다.

소박하지만 싱그러운 멋이 넘치는 산수유 꽃은 가장 먼저 봄을 알리는 부지런한 꽃 중 하나로 나무 자체는 다른 나무에 비해 볼품없는 모양새지만 그 앙상한 가지에 꽃무더기가 가득 피면 그 모습이 꽤나 장관이다.

   가을이 되면 앵두만한 주홍색 열매가 주렁주렁 달리면서 겨우내 또 다른 운치를 준다.

   산책길에 오가며 하나씩 따서 입에 넣으면 그 새콤달콤한 맛이 입속에 가득하다.

   산수유가 피어있는 마당 넘어 태화산을 바라보면 자목련이 갑작스레 더워진 봄 날씨에 활짝 피었고 그 뒤로 매화와 철쭉이 질새라 다투어 그 모습을 뽐내며 꽃을 피우고 있다.

   요 며칠간은 나또한 질 수 없다는 생각으로 앞마당을 부지런히 가꿨다.

지난해 피웠던 자리에서 작약과 백합, 카사블랑카 같은 꽃들이 흙에서 삐죽 고개를 내밀고 있다.

혹독한 겨울을 잘 견디고 싹을 틔운 것이 고맙고 대견한 마음이 든다.
그 사랑스럽고 여린 새싹들을 혹시나 개들이 뛰어다니며 짓밟을까 걱정이 되어 꽃밭에 줄을 쳐서 개들의 출입을 막았다.

꽃밭을 가꾼다고 하면 사람들은 흔히 장미 같은 화려한 꽃을 먼저 떠올리지만 우리 집에는 의외로 그 흔한 장미는 몇 그루뿐이다.
대신 내가 가꾸고 사랑하는 꽃들은 야생화 등 소박한 꽃들이다.
꽃밭 한켠에 가득 심어둔 할미꽃들이 신비로운 보랏빛의 보드라운 솜털이 가득한 얼굴로 꽃을 한참 피웠다.
많은 손자들을 사랑하느라 등이 굽었단다.

봄이면 겨우내 얼었던 땅이 녹으며 땅이 물렁물렁하게 부풀어 오른다.
물렁해진 땅을 밟으면 마치 아기에게 젖 물릴 때가 되면 부풀어 오르는 엄마의 젖처럼 땅도 나에게도 어서 품어야 할 씨앗을 달라며 한껏 조르는 것만 같다.

   그래서 서둘러 꽃시장에서 채소 씨앗을 가득 사왔다.

   상추, 쑥갓, 시금치, 아욱, 배추, 열무 등….

   농사는 씨 뿌리는 시기를 놓치면 1년 농사를 망친다.

   때를 놓치지 않도록 부지런을 떨어야 한다.

   감자 씨는 3월 20일경에 심어야 하는데 이번엔 딸이 독주회를 준비하느라 바빠진 탓에 그만 감자 심는 시기를 놓쳐버리고 말았다.

   서둘러 늦은 감자를 심고는 빨리 자라라고 대신 비닐로 덮어주었는데 내년 봄에는 정신 똑바로 차려야겠다.

   이렇게 준비한 씨앗을 잘 분배해서 정성껏 뿌렸다.

   땅은 사명을 이루게 해줘서 고맙다는 듯 향기로운 흙냄새로 내게 답한다.

   물론 풀도 뽑아주고 벌레도 잡아줘야겠지만 하나님께서 때에 따라 단비와 햇빛을 내려주시는 그 한없는 사랑으로 곤지암 숲은 풍성한 수확을 기다린다.

   시골에서 살면서 제일 먼저 깨닫게 된 것이 바로 흔한 것이 귀하다는 사실이다.

겨울 추위가 풀리고 봄이 오면 산에서는 제일 먼저 쑥이 자란다.

산뿐만 아니라 우리 집 앞마당, 길가 구석구석까지 그저 흙이 있는 곳이면 누가 애써서 물을 주고 돌보지 않아도 알아서 잘 자란다.

너무 번식력이 좋아서 가끔은 마당을 손질할 때 곤란해질 지경이다.

그러나 이 흔해빠진 쑥이라는 녀석의 효능과 이로움은 이미 널리 알려진 바가 아닌가.

쑥은 우리 몸을 따뜻하게 해주고 노폐물을 제거해주며 위장을 건강하게 해준다.

쑥떡, 쑥차, 쑥국, 쑥뜸까지….

쑥을 이용한 건강식품은 한두 가지가 아니다.

얼마 전에 집 근처에 널린 쑥을 뜯어 절편과 쑥버무리를 만들어 마침 미국에서 온 친구에게 대접하니 고향 맛이 바로 이거라며 그렇게 좋아할 수가 없다.

씁쓸하면서도 구수한 쑥 냄새는 흔해 빠졌지만 얼마나 귀하고 향기로운지.

그러고 보니 콩도 그렇다.

콩 농사를 지어보면서 깨달은 놀라운 사실은 거름을 많이 주면 콩이 잘 열릴 줄 알고 일부러 거름을 많이 줬더니 이파리만 무성할 뿐 정작 콩은 제대로 수확하지 못했던 적이 있다.

첫해 농사를 그렇게 실패하고 나서야 알게 된 사실은 콩은 거름을 주고 신경 써서 키우는 것이 아니라 그냥 밭둑이나 논둑에 아무렇게나 뿌려서 키워야 잘 열린다는 것이다.

이렇게 흔한 방법으로 대충 키워지지만 콩이란 얼마나 귀하고 영양가가 많은 곡식이던가.

나는 자연 속에서 쑥을 뜯고 콩을 키우면서 이 좋은 것을 별 수고 없이 쉽게 얻을 수 있게 만들어주신 하나님의 세심한 사랑을 느낀다.

하나님은 우리를 향한 모든 은혜와 구원의 길을 이렇게나 쉽게 열어 놓으셨는데 그저 예수님의 이름을 믿기만 하라시는데 사람들은 왜 알지 못할까.

너무 쉬워서 믿기지가 않는 것일까.

하나님 정말 감사합니다.

추운 겨울 잘 견딘 대지 위에 이런 찬란한 위로의 봄을 주시고 우리 삶이 겨울처럼 추울 때도 있지만 반드시 추위는 지나고 하나님의 사랑이 임할 때 우리 영혼도 봄처럼 환희할 것을 믿습니다.

"이는 비와 눈이 하늘로부터 내려서 그리로 되돌아가지 아니하고 땅을 적셔서 소출이 나게 하며 싹이 나게 하여 파종하는 자에게는 종자를 주며 먹는 자에게는 양식을 줌과 같이 내 입에서 나가는 말도 이와 같이 헛되이 내게로 되돌아오지 아니하고 나의 기뻐하는 뜻을 이루며 내가 보낸 일에 형통함이니라." - 이사야 55:10

2. 땅의 친구 지렁이

새벽부터 딱따구리가 나무에 구멍을 내는 소리에 눈을 떴다.

창문을 여니 시원한 공기가 샤워 물줄기처럼 내 몸을 산뜻하게 깨운다.

시골의 봄은 밭을 가꾸기에 한창이다.

곤지암 숲의 봄도 제법 바쁘다.

지금은 꽃밭을 정리해야 할 시기가 왔다.

월동을 잘 견뎌내고 매년 알아서 혼자 쑥쑥 크는 새싹도 있지만 모종을 사서 일일이 손질을 해줘야 하는 꽃들도 있기 때문이다.

지난주에는 남편과 함께 꽃시장에 나가 한련화와 실비아, 채송화와 백일홍을 사서 앞마당 구석구석에 자리를 마련해 심었다.

　이런 모종들을 매번 사서 심는 즐거움은 봄이 우리 부부에게 주는 선물 중에 하나다.
　오늘은 모종을 심기 위해 흙을 고르면서 원치 않았던 불청객을 만나 소스라치게 놀랐다.
　그 손님은 바로 지렁이다.
　다들 알고 있는 사실이지만 꽃을 좋아하고 땅을 좋아하는 사람은 어쩔 수없이 지렁이와 친해져야만 한다.
　좋은 땅일수록 지렁이가 많이 살기 때문인지 지렁이가 사는 흙은 지렁이의 배설물로 영양분이 가득한데다가 지렁이가 다니는 구멍 때문에 식물의 뿌리로 산소호흡을 하기도 쉽다고 한다.

　오죽하면 요새는 토롱토라고 해서 지렁이가 놀다간 흙을 일부러 돈을 주고 산다고 한다.

　이런 흙에서 자란 식물들은 딱히 비료를 더하지 않아도 무탈하게 쑥쑥 새싹을 내고 꽃을 피운다.

　그렇지만 말이 쉽지 나는 아직 지렁이를 보는 것이 싫고 무섭다.

　꽃삽으로 흙을 파다가 삽에 지렁이가 꿈틀대며 딸려 나오는 것을 보면 아무리 괜찮다고 스스로 체면술을 걸어도 순간적으로 표정이 일그러진다.

　꿈틀꿈틀하는 게, 아휴.. 징그러워.

　어쩌다 지렁이가 삽에 찍혀 두 동강 나기라도 하면 그때는 몸서리를 치면서 삽을 내던지고 뒷걸음을 치기 일쑤다.

　그렇다고 지렁이가 무서워 하던 농사를 팽개칠 수는 없지 않는가.

　마음을 다잡을 수밖에….

　지렁이와 친해지지 않고는 땅과는 결코 친해질 수 없다는 엄연한 현실을 받아들여야만 한다.

　다시 꽃삽을 들고 흙을 똑바로 바라보며 큰소리를 친다.

　지렁아, 너 나오너라.

　이젠 너랑도 친하게 지내고 싶어.

　너는 꽃들의 좋은 친구니 이젠 나랑도 잘 지내보자.

하지만 마음만 앞설 뿐 다시 흙을 파는 내 손길은 또 지렁이가 나오지나 않을까 영 소심해진다.

얼마나 시간이 더 지나야 이 친구들을 아무렇지도 않게 볼 수 있을런지….

그러고 보니 우린 언제부터 지렁이를 징그러운 벌레로 여기게 됐을까,

지렁이가 징그럽다는 편견은 언제부터 생겨난 것일까.

그냥 털 달린 작은 짐승들처럼 귀엽게 생각할 수도 있었을 텐데.

살갗이 보드랍고 말랑말랑하니 나름 이쁘구나.

이런 식으로 말이다.

언젠가 최일도 목사님의 「밥퍼」라는 책에서 읽었던 한 에피소드가 생각났다.

목사님 부부가 신혼시절 달동네에 살았을 때 얘기인데 사모님이 아침에 밥을 하러 부엌에 들어가니 벽에 지렁이가 기어가는 걸 보시고 소스라치게 놀란 적이 있다고 한다.

비명소리를 듣고 나와서 부엌에 들어오신 최목사님은 그 지렁이를 손으로 잡아서 사모님께 던지셨다.

지렁이에 맞으신 사모님은 순간 기절할 만큼 놀라고 분한 마음

이 드셨는데 목사님은 영 아무렇지 않은 얼굴로, 지렁이는 지렁이일 뿐이야 라고 말씀하셨다고 한다.

아마 목사님은 사모님을 놀래키려고 장난을 친 게 아니라 지렁이에 대한 새로운 인식을 심어주기 위해 그리하셨을 것이다.

지렁이도 하나님의 신성과 능력으로 태어난 귀한 이 땅의 친구인데 징그럽다는 선입견부터 가질 이유가 없지 않은가?

아무것도 모르는 천진한 어린 아이에게 지렁이를 보여주면서,

어머, 참 말랑말랑한 게 보드랍네, 재미있게 생겼지? 하며 만져보게 한다면 그 아이는 징그럽게 여기기는커녕 그냥 신기하게 생각할 것이다.

지렁이나 벌레 같은 미물을 무조건 부정적으로 생각하는 것도 만물을 죄인의 성품으로 바라보는 것은 아닐까.

어쨌든 나는 이 땅이 좋으니 땅의 친구인 지렁이도 좋아하도록 노력해야겠다.

그래야만 진정으로 땅을 사랑하는 사람이 될 수 있을 것이다.

"하나님이 땅의 짐승을 그 종류대로, 가축을 그 종류대로, 땅에 기는 모든 것을 그 종류대로 만드시니 하나님이 보시기에 좋았더라" - 창세기 1:25

3. 새와 구덩이

우리 집은 그닥 크지 않은 평수의 작은 오두막집이다.

복도도 좁고 응접실과 서재, 식당을 한꺼번에 겸하는 자그마한 거실을 가진 집이지만 내게는 그 어떤 화려하고 큰 집보다 제일 편안하고 아늑한 공간이다.

거실은 비록 좁지만 정면과 왼편이 모두 유리창으로 트여있어 숲속의 전경이 시원하게 한 눈에 들어온다.

이제 5월이 시작돼 앞에 보이는 태화산 자락은 얼마나 아름다운 연녹색을 연출하는지 보기만 해도 가슴이 싱그러워진다.

거실 한편에 놓인 둥근 작은 식탁에 앉으면 양쪽에 난 창을 통해 한꺼번에 아름다운 전원 풍경이 눈에 확 들어온다.

그 작은 식탁이 늘 내가 앉는 자리이다.

아침 묵상을 할 때, 식사할 때, 책 읽을 때, 나는 항상 저 멀리 펼쳐진 숲과 앞마당이 한눈에 들어오는 그 식탁에 앉아 할 일을 하며 시간을 보내곤 한다.

어제 새벽에는 늘 하던 것처럼 그 자리에 앉아 큐티를 하는데, 웬 불청객이 쿵하는 소리와 함께 창문에서 떨어지는 것이었다.
　작은 새였다.
　배는 하얗고 등은 윤기 나는 남색이고 목걸이를 건 듯 둥근 띠를 두른 작은 참새만한 새였다.
　아마도 유리창인지 모르고 날아 들어오려다 창에 부딪힌 모양이었다.
　전에도 한번 제법 큰 새가 들어오려다 창에 세게 부딪혀 죽은 적이 있었기에 깜짝 놀라서 나가보니 그 새는 다치지는 않았는지 금세 사뿐하게 날아올랐다.
　다행이다 생각한 것도 잠시 그 작은 새는 또 창문에 몸을 부딪치며 집에 들어오려고 계속 박치기를 하는 것이었다.
　아무리 유리창이 투명하다고 해도 그렇지, 요놈의 새가 그 정도도 구분을 못하는 건가.
　지난여름에는 열린 창문으로 새 한 마리가 들어와 온 집안을 푸드득 거리며 날아다녀 쫓아내느라 혼난 적이 있었다.

　아마도 들어와 보니 저도 잘못 들어온 것을 알았는지 두려워 이곳저곳으로 숨느라 부딪히고 푸드득거리며 날아다니다 겨우 열어놓은 창문으로 탈출하는데 성공했었다.

　그런데 오늘 아침 큐티 시간에 어제의 그 작은 새가 다시 찾아오더니 또 창문에 대고 박치기를 계속하는 것이다.

　'세상에, 이것아, 여기가 네가 들어올 곳이 아닌데 어딜 들어오려고 이러니. 너 이러다 골병들어.'

　계속 저러느니 차라리 집에 들이는 게 낫겠다 싶어 묵상을 포기하고 양쪽의 창문을 모두 열어 주었다.

　그러나 들어오기 위해 몸을 부딪치며 아등바등했던 그 새는 창이 열리자마자 창문 소리에 놀라는지 돌아서서 금세 다른 곳으로 날아가 버렸다.

　거 참, 정작 열어주면 들어오지도 못할 거면서 바보같기는.

　실수를 반복하는 그 새 때문에 본의 아니게 묵상 시간을 방해 받았지만 덕분에 언젠가 목사님이 해주셨던 말씀 하나가 탁 하고 떠올랐다.

　우리는 인생을 살면서 계속 같은 구덩이에 빠진다는 말씀이었다.

　한번 빠졌으면 그 실수를 기억하고 다시는 같은 구덩이에 빠지지 말아야 하는데, 우리 연약한 인간들은 이상하게도 계속 같은 실수를 반복하면서 어리석게 살아간다는 말씀이다.

하나님이 보시기에는 계속 같은 창문에 머리를 박는 그 이름 모를 새의 모습과 계속 같은 실수를 거듭하며 살아가는 우리의 모습이 무에 크게 다르겠는가.

흔히 같은 실수를 잊고 반복하는 사람을 보고 새대가리라고 하며 놀리는데, 막상 하나님은 그새처럼 고집부리는 어리석은 우리를 보고 '조두'가 아니라 이 '인두'야! 하시며, 너는 대체 그 조그만 머리로 뭔 조잡한 생각이 그리 많으냐. 하실는지도 모르겠다.

그럼 어떻게 하면 구덩이를 피해갈 수 있을까?

그때 목사님은 이렇게 말씀하셨다.

"온전히 하나님의 말씀과 하나님의 인도하심만을 따라서 사는 것이 같은 구덩이에 빠지지 않는 방법입니다."

그래! 말씀에 의지하고 하나님의 인도하심을 따라야 해.

성령님, 우리를 도와주세요.

"이는 내 생각이 너희의 생각과 다르며 내 길은 너희의 길과 다름이니라 여호와의 말씀이니라 이는 하늘이 땅보다 높음 같이 내 길은 너희의 길보다 높으며 내 생각은 너희의 생각보다 높음이니라" – 이사야 55:8

4. 딱따구리

새벽에 눈을 뜨니 비가 부슬부슬 내리고 있다.

아무래도 하늘이 잔뜩 흐려진 모양새가 오늘 안에 쉽게 개일 것 같아 보이지는 않는다.

산속에 새들도, 벌레들도, 축축한 날씨에 어울리게 다들 명상이라도 하는지 비가 내리는 숲은 평소보다 고요하다.

평소 이 시간 같으면 요란스럽게 하루 일과를 시작하는 딱따구리의 나무 파는 소리가 들릴 만도 하건만.

옛 유행가 중에 한가락이 생각난다.

우리가 놀면 놀고 싶어 노나, 비 오는 날은 공치는 날.

이 가사처럼 오늘은 딱따구리도 공치는 날인가보다.

　나의 아침을 깨우는 알람 벨은 항상 딱따구리의 나무를 쪼는 소리다.

　집 근처에는 크고 늠름한 오동나무가 두 그루 있는데, 딱따구리들은 허구한 날 꼭 그 오동나무에 붙어서 구멍을 판다.

　옛날에 이런 말이 있었지, 딸 낳으면 오동나무를 심는다고.

　오동나무를 키워서 딸 시집보낼 때 그걸로 혼수 장롱을 만든다는 이야기 말이지.

　녀석들은 오동나무가 집 짓는 데는 최고라는 것을 아는 건지.

크지도 않은 새가 부리는 얼마나 날카로운지 정말 구멍을 잘도 판다.
그리고 그 구멍에 알을 낳아 새끼를 키운다.

어쨌든 저 나무 파는 소리가 생각 외로 요란해서 나는 아침이면 알람 없이도 자동적으로 잠이 깨곤 한다.
그 소리를 듣다보면 가끔은 공사현장에서 브레이커라는 분쇄기계가 콘크리트를 부술 때 내는 딱딱거리는 소리와 비슷하다.
하지만 그 소리는 내 신경을 날카롭게 만드는 참기 어려운 소음이다.
아무렴 인간들이 만들어 내는 소음과 하나님께서 만드신 자연의 소리가 어떻게 같을 수가 있겠냐마는,
똑같이 집을 짓는 소리도 딱따구리들의 공사현장 소리는 악기 연주처럼 청아하고 아름다워 참으로 신비롭기만 하다.

비가 그치면 또 새벽부터 딱따구리는 부지런히 집을 짓겠지.
딱 딱 딱 다닥- 딱딱딱딱
그러면 그 소리에 잠을 깬 건너편 숲속의 산비둘기들이 꾸우꾹 꾸우꾹 화답하며 하루의 일과를 요란하게 시작할 것이다.

그 소리에 나도 잠에서 깨어날 테고, 우리 집 개들도 일어나 덩달아 아침밥을 보챌 것이다.

정신없이 아침을 보내고, 점심을 보내고, 저녁을 보내고 밤이 오고 하루가 지나고….

그 사이에 여리고 순결한 연녹색의 새싹들은 비를 맞아 생기가 도는 진녹색으로 선명한 빛을 띠며 단단하게 변해 가겠지.

그렇게 조금씩 자라면 천천히 여름이 다가온다.

온 대지 위에 때를 따라 단비를 내려주시듯 우리 메마른 영혼에도 단비를 내려주시는 하나님의 사랑에 가슴이 뭉클해진다.

"내 교훈은 비처럼 내리고 내 말은 이슬처럼 맺히나니 연한 풀 위의 가는 비 같고 채소 위의 단비 같도다 "- 신명기 32:2

5. 생명 꽃 잔치

오월로 접어들면서 여름문턱에 들어선 양 날씨가 더워졌다.

봄가을은 오는가 싶으면 어느새 여름 겨울로 슬쩍 넘어가는 듯해 아쉽다.

곤지암에서 오월의 하늘과 산천은 계절의 여왕이라는 찬사를 듣기에 조금도 부족함이 없음을 실감한다.

태화산은 이미 진녹색으로 덮여 있고 언덕위에 심어놓은 매실, 앵두, 버찌, 살구 열매들은 하루가 다르게 살이 오른다.

뒤늦게 나오는 포도나무도 싹을 틔웠다.

3년 전 겨울에 포도나무를 심어놓고 그 이듬해 봄에 다른 나무는 모두 잎을 내고 꽃도 피는데 포도나무는 소식이 없어 죽은 줄 알고 계속 가지를 꺾어보곤 했었는데 포도나무는 아주 늦게야 싹을 내는 것을 알았다.

모과나무는 정말 못생겼다. 울퉁불퉁한 가지에 벌레도 잘 붙는다.
신기한건 그렇게 못생긴 가지 사이로 피어나는 꽃은 핑크색으로 얼마나 앙증맞고 귀여운지.또 가을이면 노오란 모과의 향기는 어느 과일에 견줄까?
못생긴 모과를 보면 몇 년 전 돌아가신 코미디언 이주일씨 생각이 난다.
항상 못생겨서 미안해요, 하며 우리를 웃기며 행복하게 해 주셨는데.
그분의 익살스런 웃음과 앙증스런 모과꽃이 겹쳐지며 마음이 따뜻해진다.

나는 식물들도 사람의 마음을 알아본다고 생각한다.
누군가는 이런 소리를 들으면 웃을지도 모르겠지만 식물도 이름을 알아주고 신경써주고 사랑해주면 그 성의에 따라 매년 더 아름답게 피어난다고 믿고 있다.
그래서 앞마당에 있는 나무들의 이름을 잊어버리지 않기 위해,

명찰을 다 달아주었다.

   너는 모과나무, 너는 꽃사과, 너는 인동초지…

   언제 심었는지 언제 처음으로 꽃을 피웠는지도 항상 마음에 담아두고 기억한다.

   남편과 나의 꽃 취향은 원래 서로 많이 달랐다.

   나는 한련화, 패랭이, 초롱꽃, 꽃잔디, 채송화, 과꽃 등 작고 여린 야생화 같은 꽃들을 좋아하는 편이다.

   화려한 장미같은 꽃보다는 산책길을 걷다보면 쉽게 눈에 띄는 제비꽃이나 조팝나무, 민들레들이 항상 애잔하게 더 눈에 들어오곤 했다.

하지만 남편은 내가 좋아하는 꽃보다는 크고 화려한 꽃들, 튤립, 백합, 수국, 신종 다알리아 같은 선명하고 확 눈에 들어오는 꽃들을 더 좋아했었다.

그런데 요번에 남편이 마음에 든다고 새로 사온 꽃모종들을 보니 내가 좋아하는 꽃들로 가득하다.

구피, 마가렛, 바늘꽃, 물망초 등…

어느덧 취향이 비슷해지는 것을 보니 이래서 부부는 닮아간다고 하나보다.

이번에 심은 꽃 중에 물망초는 너무 작아 눈만 흘겨도 쓰러질 것처럼 연약하고 힘이 없어 보이지만 꽃은 얼마나 신비하고 귀여운지…

그래서 꽃말이 '나를 잊지 마세요' 인가보다.

관심을 갖고 눈여겨보지 않으면 눈에 뜨이지 않을 만큼 연약한 꽃이지.

우리 부부는 이렇게 꽃밭에 한껏 정성을 투자한다.

지금부터 가을까지 곤지암 숲을 찾는 친구, 친지들에게 보여주는 즐거움이 투자한 것 보다

크게 느껴지기 때문이다.

꽃을 바라볼 때면 언제나 하나님의 멋진 솜씨에 감격하게 된다.

고작 열매를 맺기 위해 한순간 피었다 지는 존재일 뿐인데 어쩜 이렇게 화려하고 아름다운지…

이렇듯 온 천지가 생명을 품고 맘껏 자랑하며 아름다움을 연출하는 이 오월이 계절의 여왕이라는 찬사를 받기에 부족함이 없다는 생각이 다시 한 번 든다.

꽃처럼 이렇게 이쁘게 살라고 우리 하나님께서 우리에게 생명꽃 잔치를 벌려 놓으셨나보다.

위로의 꽃다발을 받았으니 힘내서 열심히 살아야겠다.

"또 너희가 어찌 의복을 위하여 염려하느냐 들의 백합화가 어떻게 자라는가 생각하여 보라 수고도 아니하고 길쌈도 아니하느니라" - 마태복음 6:28

6. 개와 파수꾼

아침에 창문을 열고 밖을 내다보니 새끼 강아지 알록이가 쓰러져 있다.

깜짝 놀라 뛰어 나가보니 알록이가 아니고 누런 너구리다.

일단 안심하고 무슨 일인가 가만히 살펴보니 우리 할머니 개 깜순이 짓이 분명하다.

작년에도 노루새끼를 잡은 적이 있었다.

신기한 것은 큰 상처 없이 잡고 집 앞뜰에다 물어다 놓는다.

우리 집은 별로 쥐가 많지 않다.

깜순이 눈에 띄었다간 기어이 잡히고 말기 때문이다.

쥐뿐 아니라 새도 곧잘 잡고 까만 청솔모가

나무위로 올라가는 것을 보면 고개를 쳐들곤 나무 밑에 앉아 청솔모 내려오기만을 기다린다.

청솔모는 이 가지 저 가지로 옮겨 다니며 깜순이가 지칠 때까지 서로 기싸움을 벌인다.

밤새 자신이 얼마나 열심히 일했나를 보이려고 그러는지 잡은 동물은 앞마당에 물어다놓고 우리보고 치우라고 한다.

쥐를 잡는 것은 좋지만, 오소리 너구리 새, 이런 동물을 잡는 건 속상하다.

전쟁에서 이기고 큰 전리품을 가져왔으니 칭찬이라도 받아야 되겠다는 듯이 엎드려서 우리가 뒤처리하는 걸 의기양양하게 쳐다본다.

우리 집엔 개가 아홉 마리에 세 달된 새끼 두 마리까지 열한 마리다.

외진 숲속이라 파수꾼의 역할을 잘 담당할 개와 함께 사는 것은 필수이다.

북쪽 코너에 두 마리, 서쪽에 두 마리, 동쪽에 한 마리,

그렇게 각 초소에 배치하고 기동대라 불리는 깜순이 가족 여섯 마리는 자유롭게 뛰어다니며 곤지암 숲의 파수꾼 역할을 잘 감당하고 있다.

어느 코너에서 짖는 소리가 나면 깜순이 가족은 잽싸게 짖는 쪽으로 달려가 그쪽에 무슨 일인가 확인한다.

산책하는 사람이 지나갔다고?

에이, 별일 아니잖아, 잘 지켜!

하곤 원 위치인 앞뜰로 복귀한다.

깜순이가 우리 집에 온 지는 4년이 넘었다.

집을 수리한 아저씨가 집을 잘 지키는 개라고 보내왔을 땐 별로 안 반가웠다.

털은 거무튀튀하고 사람만 보면 슬슬 피하는 것이 흔한 잡종개인지라 나는 도로 보내자고 했다.

남편의 주장이 우린 애완용 개가 필요한 것이 아니고 집을 잘 지키는 개가 필요하니 이 깜순이가 적격이란다.

사람을 잘 따르는 개보다 사람을 피하는 개가 집을 잘 지킨다는 이론으로 우리 집 식구가 됐는데 과연 일등 파수꾼이다.

이 깜순이 때문에 우린 밤낮으로 안심하고 산다.

어느 경비원이 그렇게 철저하게 경비를 잘 할까.

낯선 사람이 들어오면 이빨을 드러내고 무섭게 짖어대 웬만한 심장으론 오금이 저리지 않을 수 없다.

또 낯선 차가 들어와도 끝까지 따라가며 바퀴를 물어뜯을 기세다.

그래서 개들이 짖어대면 무슨 일인가 내다보고 상황을 파악한다.

손님이 오기로 된 날은 미리 묶어 놓는다.

우리 남편은 임무를 잘 수행한다고 특히 깜순이를 좋아한다.

깜순이는 우리 집에 와서 손주까지 봤다.

깜순이 딸 부부, 그 딸의 새끼 세 마리, 그렇게 삼 대 여섯 마리가 앞마당에서 종횡무진 뛰어다니며 숲을 지킨다.

파수꾼은 멀리서 일어나는 사태를 잘 살피고 상황을 직시하면서 위기를 알려야 하는 사명에 항상 깨어 있어야 하고 긴장감 또한 늦추지 말아야 하듯이 깜순이 가족도 유능한 파수꾼으로 제 몫을 감당하고 있다.

이제는 깜순이가 짖는 소리만 들어도 사람이 오고 있는지, 먼 숲에 토끼나 동물이 지나가는지 대강 짐작이 간다.

깜순이를 비롯해 우리 개들을 보면서 쟤네들은 게으름도 안 부리고 철저하게 주인한테 충성을 다하는데 나는 어떤가, 생각해보게 된다.

우리 주님이 나의 주인이라고 입술로는 고백하면서 주인을 위해 무엇을 얼마나 하고 있는지 생각이 드니 부끄럽기 한량없다.

가정의 파수꾼, 사회의 파수꾼, 교회의 파수꾼, 무엇 하나 저 개들만큼 충성스럽게 하는 것이 없으니…

"네가 죽도록 충성하라 그리하면 내가 생명의 관을 네게 주리라"
– 요한계시록 2:10

7. 내 사랑 한련화

우리 집 앞마당에는 여러 종류의 꽃이 피어있다.

할미꽃, 목련, 붓꽃, 무스카리나, 작약 등등…

새벽에 일어나 문을 열고 시원한 밖으로 나가면 그중에서도 제일 먼저 나를 반기는 것이 한련화 꽃이다.

그러면 나도 꽃 한 송이 한 송이마다 마음을 담아 마주 인사한다.

"얘들아, 좋은 아침!"

그렇게 살살 어루만지며 시든 꽃은 따주고 동그랗게 맺은 씨도 털어준다.

식물이 다 자라서 씨를 품게 되면 땅에서 흡수하는 모든 영양분을 씨를 키우는 것에만 집중해서 꽃 피우기를 멈추기 때문이다.

나로서는 아직 조금 더 예쁜 꽃을 보고 싶은 마음도 있고 씨는 가을에 천천히 받아도 된다는 생각이므로, 미안하지만 아직은 더 꽃을 피워주렴. 하는 마음에 부지런히 시든 꽃을 고르며 씨를 털어낸다.

어느 목사님께 그 이야기를 했더니 나보고 잔인하다고 하셨다.
꽃이 씨를 맺었으면 그냥 놓아줘야지, 계속 그렇게 혹사시켜서야 되겠냐는 말씀이셨다.
그 소리를 듣고 보니 좀 미안하기도 하였지만 그래도 매일같이 물을 주고 비료를 주고 수발을 들어주는 사람이 나인데 그 정도 욕심은 좀 내면 어떠랴 싶은 생각도 들어 여태껏 내 고집대로 씨를 털어내고 있다.

그러나 내 노력과는 별개로 꽃밭의 많은 꽃들은 활짝 아름답게 피었다가도 금방 시들어 버리고 만다.
화무십일홍이라고 했던가.
아무리 예쁜 꽃이라도 열흘을 못 넘긴다는 말 그대로 정말 대부분의 꽃이 거의 그렇다.
그렇게 금세 저버려서 허무하게 만들려거든 그렇게 예쁘지나

말든가.

　사람 홀리지나 말든가.

　꽃이 지고나면 약간 쓸쓸한 기분이 들곤 하는데 그런 내게 친구처럼 항상 곁에 있어주는 꽃은 한련화, 그 애들뿐이다.

　이 싱싱한 꽃은 기특하게도 씨를 털어주면 늦가을까지 줄곧 피면서 꽃밭을 홀로 씩씩하게 지킨다.

　단아한 미인 같은 예쁜 작약 꽃도 결국 열흘을 못 넘기고 지고 말았는데, 그 아쉬운 마음을 한련화가 달래줘서 고맙고 고마울 뿐이다.

　한련화는 자유분방한 생김새를 가지고 있다.

　잎은 부드러운 팔각형으로 한 포기에 이파리의 크기도 제각각 다르며 옆으로 뻗어나간 줄기의 모습도 아기자기하고 유연하다.

　부드럽고 독특한 질감의 꽃잎은 빨강 주황 노랑 핑크 등의 여러 가지 빛깔로 은근히 알록달록 화려하고, 빨강색의 한련화 꽃잎을 한참 들여다보다 아주 오래전에 신혼여행 때 입었던 빨간 벨벳 원피스가 떠올라, 모처럼 옛 추억에 젖기도 했다.

　'어머, 어쩜 그 옷의 질감과 색깔이 똑같은가… 나도 그때는 저 한련화처럼 곱고 예뻤었는데… 오늘 생각난 김에 저녁에 남편에게 그때 기억이 나느냐고 한번 물어봐야겠다. 기억 안 난다고 그러기만 해봐라.'

소박한 듯 화려한 듯 때로는 젊은 시절의 추억을 떠올리게 해주면서도 항상 내 곁에서 함께해주는 고운 한련화,

작년에도 봄부터 거의 11월 찬 서리 내릴 때까지 화단을 씩씩하게 지켜주었다.

서리가 하얗게 내린 늦가을 아침에 마지막 남았던 한련화 몇송이를 보내면서 나는 정중한 마음으로 작별인사를 하곤한다.

내년봄에 우리 다시 만나자.

"풀은 마르고 꽃은 시드나 우리 하나님의 말씀은 영원히 서리라 하라"
- 이사야 40:8

8. 내가 왜 잡초야?

6월로 접어드니 갖가지 열매들이 본격적으로 맺히기 시작한다.

어제 저녁에는 남편 친구들이 운동하고 집으로 오셨다.

완두콩 따다 밥을 하고 들깨 풀은 배추 된장국과 금방 따온 상추와 고추를 쌈장에 내놓으니 야, 이것이 진짜 유기농 건강식단이네. 하면서 좋아들 하신다.

대접하는 나도 흐뭇했다.

감자는 한창 꽃을 피우고 있어 얼마나 자랐나 땅속을 파보고 싶지만,

에그… 참아라, 바람 들어갈라.

고추도 달려 아침 저녁으로 따다 먹는다.

점심에 아무 반찬 없어도 찬밥에 물 말아 고추장에 금방 따온 고추 찍어 먹으면 맛이 그만이다.

토마토도 열려 애기 볼에 살 오르듯이 매일매일 살이 올라 며칠 있으면 먹을 수 있겠다.

아침에 채소밭에 나갈 땐 긴 막대기를 가지고 나간다. 막대기로 호박 넝쿨을 해쳐본다.

오늘 아침에 보니 윤이 반들반들한 제법 자란 호박이 달려있다.

어찌나 반갑던지…

오늘 저녁에 조카들이 온다니 내일 아침에 따서 맛있게 반찬 만들어야지.

호박 새우젓찌개 할까, 아니면 호박나물? 호박전도 좋겠지.

그래, 무엇을 하든 싱싱해서 맛날꺼다.

이번 봄에 양상추를 처음 심었다.

처음엔 여느 상추처럼 이파리가 너부러져 있어 저게 어떻게 동그랗게 오므라드나 했더니 요즘 정말 신기하게 잎이 쫀쫀하게 오므라들기 시작하며 양상추의 면모를 드러내기 시작한다. 낼 아침엔 얼마나 동그랗게 컸을지 기다려진다.

아마 곧 싱싱한 샐러드로 아침 식탁에 오를 모양이다.

정말 신기하다.

매실도 따야 한다.

벌써 슈퍼에도 매실이 한참 나와 있다.

제때 안 따면 땅에 떨어져 상한다.

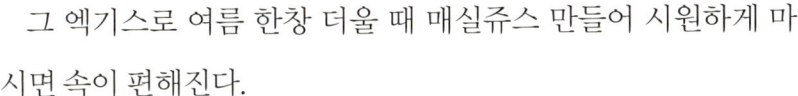

흑설탕에 재워서 백 일 후에 엑기스로 만들어 쓴다.

그 엑기스로 여름 한창 더울 때 매실쥬스 만들어 시원하게 마시면 속이 편해진다.

이 6월엔 멋진 수확만 있는 것이 아니다.

땀도 많이 흘리는 계절이다.

농작물이 본격적으로 자라니 쓰러지지 않도록 버팀목들도 세워줘야 하고 벌레도 잡아줘야 한다.

특히 배추벌레다.

장갑 끼고 벌레 잡아 밭고랑에 넣고 발로 꾹 밟아준다.

아직 지렁이는 못 만지지만 벌레쯤은 문제없다.

문제는 잡초다.

농사는 잡초들과의 전쟁이라 했던가.

뽑고 돌아서면 돋아나는 것이 잡초다.

하긴 잡초입장에서 보면 다 같은 풀인데 누군 꽃밭에서 여왕 대접 받으며 자라고 있고 나는 구박받으며 뽑혀야 하다니.

내 꽃도 얼마나 예쁜데.

그러면서 시위하느라고 더 열심히 자라나보다.

잡초 입장에서 보면 억울할 수도 있겠다.

나를 없앨려고? 어디 고생 좀 해봐라!

그러면서 그렇게 열심히 자라나?

하긴 나도 뽑으면서 안됐다는 생각도 든다.

하지만 안 뽑으면 채소밭인지 잡초밭인지 구분이 안 가니 어쩌랴.

아직은 너희들 때가 아닌데 언젠가 해뜰 날이 있겠지.

나에겐 옥수수 고추 상추 등이 필요하니 너희들은 좀 실례해줘야겠다.

감상에 젖다간 농사는 망치고 마니 눈 딱 감고 가을에 풍성한 고추와 옥수수를 바라보며 열심히 풀을 뽑는다.

풀을 뽑다보니 나도 예전엔 내 멋대로 살던 잡초 같은 인생이었단 생각이 든다.

지금은 선택되어 하나님의 꽃밭에서 보살핌을 받으며 살고 있는 내 자신을 발견하고 얼마나 감사한지.

"예쁘게 필게요, 하나님."

"나는 포도나무요 너희는 가지라 그가 내 안에, 내가 그 안에 거하면 사람이 열매를 많이 맺나니 나를 떠나서는 너희가 아무 것도 할 수 없음이라" – 요한복음 15:5

9. 오디

나는 오디가 뽕나무 열매라는 것을 이 곤지암 숲에 살면서 알게 됐다.

충청도 당진 시골에 우리 큰아버지가 살고 계셨다.

지금은 돌아가셨지만 내가 중학교 여름방학에 시골에 놀러갔을 때다.

앞마당 광에서 사각사각 하는 소리가 들려 문을 열어보니, 그곳에 웬 커다란 벌레들 수백 마리가 무슨 이파리들을 열심히 갉아먹는 소리였다.

나는 깜짝 놀랐다.

너무 징그러워 뒷걸음치며 큰어머니에게 물으니 그것이 누에란다.

그 후론 뽕나무 하면 그때 본 징그러운 누에라는 벌레만 생각 났는데 벌레들의 먹성이 대단했다.

큰어머니께서 뽕잎을 한 소쿠리 따와 던져주면 어느새 다 먹어 치웠던 생각이 난다.

며칠 전 우리 일을 도와주는 아주머니가 물었다.
오디 딸 때 안됐나요?
옆에서 들은 남편이 대답한다.
아직 아니죠, 초가을에 따잖아요.
남편의 자신 있는 대답에 우린 그랬던가 싶어 무심하게 잊어버리고 있었다.
오디나무는 우리 집과는 좀 떨어져 있어 일부러 그쪽까지 산책 가지 않으면 보이지 않는다.

그런데 어제 아침에 교회 가려고 언덕길을 내려가는데 오디나무쪽에서 두 아주머니가 소쿠리에 무얼 담아가지고 내려오기에 순간 오디 생각이 나서 차를 세우고, 그게 뭐에요? 하고 물으니 오디란다.
남편 말만 믿고 가보지 않았더니 벌써 까맣게 익어 떨어지기 시작한 것이다.

나는 아차 싶었다.

오디는 익기 시작하면 금방 땅에 떨어지고 떨어진 오디는 땅에서 금방 상하기 때문이다.

교회에서 돌아와 나무 밑에 비닐을 깔아 놓았다.

비닐 위에 떨어진 오디를 아침저녁으로 주워 와야 한다.

그리고 오늘 아침 일찍 바구니를 들고 오디를 주우러 갔다.

비닐 위에 떨어진 오디를 주워 담고 나무 위에 달린 잘 익은 것은 연신 입에 넣으며 부지런히 한 바구니를 채우니 허리가 아팠다.

올해도 오디잼을 만들어 자식들도 주고 친지들 친구들에게 줘야지.

작년에 친구들을 주니 좋아하던 모습이 떠올라 허리 아픈 줄도 모르고 주웠다.

집으로 돌아오니 남편이 나를 보고 웃는다.

"아니, 아침부터 왜 웃고 그래요? 뭐 좋은 일 있어요?"

내가 물으니 가서 거울 좀 보란다.

거울을 보니 내 모습이 가관이다.

열심히 따먹은 오디 때문에 입가는 온통 까맣고 새벽이슬에 젖

은 파마머리는 곱슬곱슬,

누가 봐도 웃기는 모습이다.

난 그래도 행복하다.

오디잼과 오디쥬스를 만들어 많은 사람들과
나눠 먹을 생각을 하니.

"여호와는 나의 산업과 나의 잔의 소득이시니 나의 분깃을 지키시나이다 내게 줄로 재어 준 구역은 아름다운 곳에 있음이여 나의 기업이 실로 아름답도다" – 시편 16:5,6

2부

좋은 것을 별 수고 없이 쉽게 얻게 하시는 하나님

10. 진돌이

장마가 시작됐다.

이맘때면 생각나는 일이 있다.

자연을 사랑하시는 이주연 목사님이 개인집으로 이사를 가시며 개를 키워보시겠다고 진도에 직접 내려가셔서 우수견인 진돗개 한 쌍을 구해 키우셨다.

그들 사이에서 새끼 다섯 마리가 태어나 한 달 넘은 새끼 암놈 수놈 한 쌍을 우리 집에 보내주셨다.

너무 귀여웠다.

이름을 뭐라 지을까 생각하다 진도가 고향인지라 성은 진으로 하고 암놈의 이름은 달래, 수놈의 이름은 돌이라고 지어줬다.

그래서 진달래 진돌이가 됐다.

진돌이 진달래가 예쁘게 자라 두 살이 다 된 작년여름 이맘때였다.

남편이 출근하면서 운동 좀 하라며 개집 문을 열어주었다.

진돌이와 진달래는 쏜살같이 산 쪽으로 달려 나갔다.

우리와 가끔 산으로 산책을 갔기에 잘 아는 길이라 놀다 오겠지 싶어 내버려 두었다.

저녁이 됐는데 진달래는 들어왔는데 수놈인 진돌이가 안 들어와 동네 먼 곳까지 진돌아 진돌아 부르며 찾아보았지만 아무데도 없었다.

다른 수놈들도 가끔 집을 뛰쳐나갔다가 며칠 만에 까칠해진 모습으로 야단맞을까봐서인지 고개를 푹 숙이고 들어오기도 한다.

동네에 맘에 드는 암놈을 찾아 며칠 놀다 오는 것이다.

그래서 진돌이도 돌아다니다 맘에 드는 암놈을 발견해 그 집에 들어 앉아 있는 모양이라고 생각하며 기다려 보기로 했다.

그런데 며칠이 지나고 일주일이 넘어도 안 들어와 걱정이 되기 시작했다.

개가 없어졌다고 가출 신고를 해야 하나? 아니지.

동네 이장한테 혹시 동네 일 보다가 이런 개 보면 연락 좀 해달라고 부탁해야겠다.

   그러나 부탁을 한지 열흘이 지나도 아무 소식이 없자 포기해야 되나 싶었다.

   단지 개장사가 붙잡아 보신탕집에만 안 넘기고 어느 집에서 예뻐해주며 키우기만 바라는 심정이었다.

   가다 오다 흰 개만 보면 혹시 진돌이인가 싶어 확인해보고 개 짖는 소리만 나면 내다보기를 보름쯤 지난 어느 날이었다.

   나는 외출해서 밖에 있는데 숲을 관리해주는 이주임 아저씨한테 연락이 왔다.

   진돌이가 돌아왔다는 것이다.

   나는 너무 반가워 단숨에 집으로 달려왔다.

   와서 보니 차마 눈뜨고 볼 수가 없을 정도로 야위었고 목과 어깻죽지는 깊은 상처로 살이 너덜너덜하며 뼈가 다 보였다.

   이주임 이야기로는 낮에 우리 개들이 짖는 소리가 나서 나가보니 산 쪽에서 진돌이가 목에 쇠줄을 건채로 비틀비틀 거리며 내려오고 있더란다.

   다른 친구 개들이 반가워서 꼬리를 흔들고 짖으며 반기니 진돌이도 힘없이 꼬리를 흔들며 휘청거리면서 내려오는 걸 이주임이 안아다 자기 집에다 놓고 나한테 전화한 것이다.

풀어준 날 아마 산속 깊이 들어갔다가 사냥꾼들이 놓은 올무에 걸린 모양이다.
목과 어깻죽지에 걸린 올무에서 빠져나오려 몸부림치다 목과 겨드랑이 살이 다 헤어진 것이 역력히 보였다.
올무쇠줄은 여러 가닥의 가느다란 쇠줄로 엮은 단단한 쇠줄이라 연장으로 끊으면 모를까 이빨로는 도저히 끊을 수 없게 생긴 쇠줄이었다.
그걸 진돌이는 16일 동안 포기하지 않고 이빨로 끊고 쇠줄을 목에 건 채로 승리하고 돌아온 것이다.
마침 그때가 장마철이라 떨어지는 빗물을 받아먹은 듯하다.
하지만 그 캄캄한 숲속에서 올무 줄에 걸려 선 채로 목에 걸린 쇠줄을 이빨로 끊으려 몸부림을 칠 때마다 피를 흘리며 살이 찢어지는 아픔이 오죽했을까 생각하니 가슴이 미어지는 것 같았다.

잘 안아서 동물병원으로 데려갔다.
의사는 보더니 놀래며 정말 대단한 녀석이라며 수술을 잘 해서 살릴 테니 염려 말라고 나를 안심시켜 주었다.
그런데 너무 탈진해서 금방 수술은 못하니 응급처치를 하고 붕

대로 감아주며 잘 먹여 기운을 차려서 수술을 해야 한다고 해 집으로 데려와 첫날은 미음으로, 다음 날은 죽을 먹여 기운을 차리게 해서 수술을 두 번에 걸쳐 해진 살을 다 꿰맸다.

집으로 돌아와 정성껏 보살피니 회복이 빨라 두 달쯤 지나니 살도 오르고 거의 정상이 되었다.

일 년이 지난 지금은 아주 건강하고 늠름한 명견 진돗개의 면모를 갖추고 있다.

그런데 그때 충격 때문인지 수놈 구실을 못한다.

진돌이와 진달래의 후예를 기다리는 주위의 친구들이 많은데 혹시 질달래가 맘에 안 드나 싶어 다른 예쁜 암놈을 데려다 주었는데도 무소식이다.

새끼 못 만들면 어떠랴.

그 사투를 이기고 살아온 것만도 기적인데 어떤 상황에서도 희망의 끈을 놓지 않으면 산다는 걸 진돌이가 우리에게 자신의 몸으로 보여준 것에 고맙게 생각한다.

우리도 진돌이처럼 그런 절망적인 순간에도 끝까지 포기하지 않고 문제가 해결될 때까지 참고 기도하며 이겨낼 수 있을까?

기도하다 응답이 빨리 안 오면 지레 포기하고 마는 우리에게 많은 걸 느끼게 한 사건이었다.

식당에서 특히 결혼식장에서 먹다 남은 스테이크는 염치불구하고 싸가지고 와 살짝 진돌에게만 던져주기도 한다.

그럼 펄쩍 뛰며 게 눈 감추듯 먹어 치운다.

내일도 공항터미널에서 결혼식이 있다.

비닐 챙기는 것 잊지 말아야겠다.

나는 "우리개가 열 마리거든요"하며 테이블에 남아 버려질 음식들을 봉투에 싸가지고 온다.

진돌이의 좋아하는 모습을 떠올리며.

"사랑은… 모든 것을 참으며 모든 것을 믿으며 모든 것을 바라며 모든 것을 견디느니라" – 고린도전서 13:7

11. 빗속의 산책

장마로 하늘이 뚫린 듯이 비가 내리고 있다.

나는 비오는 날이면 부득이한 일 아니고는 집에서 빗소리를 즐긴다.

처마 끝에 떨어지는 빗소리, 온 숲속 나뭇가지에 떨어져 부딪히는 소리,

앞마당 개집 양철 지붕 위에 떨어지는 요란한 빗소리가 좋다.

더욱 나를 압도케 하는 것은 계곡에서 힘차게 흘러 내려가는 물소리다.

그 소리에 이끌려 밖으로 나가 온몸으로 빗소리를 느껴보기로 했다.

밖으로 나가려 비옷을 챙기다 옛날 초우라는 영화가 생각이 났

다.

내가 학생 때였으니 40년 전 영화로 애수어린 큰 눈에 청순한 모습인 인기여배우 문희씨가 주연이었다.

내용은 부잣집 가정부로 일하던 아가씨에게 프랑스에서 공부를 끝내고 돌아온 주인집 딸이 자기가 입던 멋진 레인코트 즉 비옷을 주어 일어난 일이다.

그것을 받아든 아가씨는 비 오기 만을 기다렸다.

드디어 비오는 날이 되어 가정부 아가씨는 노란색의 긴 멋진 레인코트에 노란 장화를 신고 노오란 우산을 받쳐 들고 외출을 한 것이다.

그 모습에 반한 잘생긴 청년이 데이트 신청을 한다.

그 아가씨는 다음 비오는 날 만나자 하고 헤어진다.

그날부터 아가씨는 매일 하늘을 처다보며 비 오기 만을 기다리다 비가 오면 그 옷을 다시 입고 데이트 하러 나가곤 했었다.

결국 끝이 어떻게 끝났는지 기억은 안 나지만 그저 긴 노오란 레인코트를 입은 청초하고 아름다웠던 문희씨에 대한 한 장면만 내 기억에 남아있다.

그 영화 영향 때문인지 난 긴 레인코트를 좋아해 젊었을 땐 곧

잘 입었던 기억이 난다.
  뒤따라오는 남자는 아무도 없었지만 지금도 비오는 날이면 가끔 그 영화가 떠오른다.
  그 멋진 레인코트와 함께.

  나는 환상에서 깨어나 무얼 입고 나갈까 옷장을 뒤지다 빨간 비옷을 발견했다.

운동할 때 비오면 입는 비옷이다.

노란 비옷은 아니지만 빨간 모자도 챙겼다.

아, 마침 노란색의 비 장화도 있길래 빨간색 반 레인코트에 빨간 모자를 쓰고 노란 장화 신고 마침 노란색의 우산도 있어 들고 나갔는데 비바람이 너무 강해 이 우산으론 멋도 좋지만 안 되겠다 싶어 큰 검은 우산을 쓰고 숲속을 걷기 시작했다.

꽃밭에 들어가니 내 사랑 한련화는 거센 비바람의 시련에 꽃들을 이파리에 숨긴 채 몸을 낮추고 있다.

그렇지, 이럴 땐 겸손히 숨죽이고 있어야 돼.

길가에 다알리아 꽃 한 송이가 꺾여져 있다.

저런, 어쩐지 네 몸에 비해 꽃송이가 크다 했더니 이 비바람에 못 이겨냈구나.

다시 채소밭으로 갔다.

이 비에도 오이 가지들이 어제보다 성큼 자라 싱싱하게 열려 있다.

하나를 따 입에 물으니 오이 향내가 그윽이 번진다.

어린 호박 하나가 길가로 삐죽 나와 있어 춥겠다 싶어 호박 이파리로 가려주었다.

비 온다는 예보에 감자는 며칠 전에 다 캤다.

노란 꽃이 피어있는 땅콩은 땅속에서 얼마나 컸을까 궁금하다.

이 빗속에서도 숲속에서 뻐꾸기가 운다.

아직 짝을 못 찾았나.

괜찮아, 뻐꾹아! 우리 아들도 아직 짝을 못 찾았거든.

우렁찬 물소리에 이끌려 계곡 쪽으로 발길을 돌렸다.

간밤부터 내린 비로 많은 양의 물이 폭포를 연상케 하는 힘찬 소리로 나를 압도한다.

하늘로부터 온 귀한 손님들이구나. 하늘로부터 무슨 사명을 띠고 왔니?

서로 바쁘게 대답한다.

우린 저 태화산 계곡에 쌓인 쓰레기 청소 하고 오는 중이에요.

우린 권사님 댁 지붕에 쌓인 먼지들을 치웠죠.

나는요, 숲속에서 목말라하는 애기 기린초 꽃에 물 주고 왔어요.

저마다 자신들의 사명을 이야기하느라 저렇게 계곡소리가 큰 모양이다.

그럼, 이제 어디로 가는데?

하고 물으니 모른단다.

그저 이 계곡을 충실히 따라가다 보면 목적지가 나온단다.
한눈팔면 안 되니 이렇게 열심히 달려간단다.
잘 가라.
인사하고 집으로 향했다.
이렇게 멋지게 빨간 레인코트를 입고 산책했지만 영화에서처럼 멋진 남자의 데이트 신청은 못 받았어도 숲속의 많은 친구들을 만났으니 영화보다 더 멋진 빗속의 데이트였다.

내일 비오면 또 산책해야지. 이
번엔 노란 우산까지 들고.

"나의 종 야곱, 내가 택한 이스라엘아 이제 들으라 너를 만들고 너를 모태에서부터 지어 낸 너를 도와 줄 여호와가 이같이 말하노라 나의 종 야곱, 내가 택한 여수룬아 두려워하지 말라 나는 목마른 자에게 물을 주며 마른 땅에 시내가 흐르게 하며 나의 영을 네 자손에게, 나의 복을 네 후손에게 부어 주리니 그들이 풀 가운데에서 솟아나기를 시냇가의 버들 같이 할 것이라" - 이사야 44:1-4

12. 오묘한 자연의 섭리

아침에 창문을 열면 하루살이가 창틀에 새카맣게 죽어 떨어져 있다.

그것들을 쓸면서 생각한다.

참 너희들은 안됐다. 어떻게 하루밖에 못 사니, 이 좋은 계절에.

매일아침 허무하게 죽어있는 하루살이처럼 우리 인생살이도 하나님 보시기에 하루살이가 아닐까.

그런데 마치 죽지 않고 천 년 만 년 살 것처럼 아등바등대며 땅의 것만 바라보며 시간만 허비하는 것은 아닌지 자신을 돌아보게 된다.

남편이 가끔 불신자 친구들을 만날 때나 집안 모임에서 어린

조카들에게도 해주는 비유가 생각난다.

하루살이가 모기하고 연애하며 잘 놀다가 저녁이 되어 헤어질 때가 되자 모기가 하루살이에게, 내일 만나자고 하니 하루살이는, 내일이 뭐야, 내일은 없어. 하더란다.

이번엔 모기가 개구리하고 여름내내 잘 뛰놀다가 겨울이 돌아와 개구리가 헤어지면서, 내년 봄에 다시 만나자, 모기야. 하니 모기는 내년? 내년이 어딨어, 내년이 뭔데? 하더란다.

정말 하루살이처럼 내일이 없다고 없는 것이 아니며 모기처럼 내년이 없다고 없는 것이 아니라는 얘기다.

눈에 안 보이며 믿어지지 않는다고 하나님이 안 계시고 천국이 없는 것이 아니고 주어진 인생을 열심히 살다 죽으면 애벌레들이 껍질을 벗어던지고 나비가 되듯이 우리도 육신의 껍질을 벗고 하나님 계신 곳에 가서 영원히 살기에 믿음을 가지라고 전도한다.

요즘 채소밭엔 열매들이 풍성하다.

고추가 주렁주렁 토마토가 대롱대롱, 오이는 늦게 심어서 이제 사내아기 고추만한 오이들이 귀엽게 달려있다.

하루하루 무럭무럭 자란다.

한 일 주일 있으면 오이 따서 오이지 담아야지.

여름엔 김치보다 오이지를 썰어 시원한 물에 매실 엑기스 조금 넣고 파를 송송 썰어 넣은 오이지 냉국이 정말 입맛을 돋운다.
지금 한창 호박이 주렁주렁 열린다.
막대기로 호박 밭을 샅샅이 뒤져야지 찾지 못하면 어느새 늙은 호박으로 변해버린다.
하룻밤 사이 어쩜 그렇게 많이 자라는지 부지런히 따먹고 누구라도 오면 호박밭으로 데려가 몇 덩어리 따준다.
호박을 딸 때마다 예전에 읽었던 이야기가 생각난다.

농부가 큰 호두나무 그늘에 앉아 쉬다가 옆에 있는 호박을 보고,
참, 저렇게 큰 호박을 왜 약한 덩굴에 달리게 하셨담.
저 높은 곳엔 작은 호두가 달리게 하시곤, 하나님도 참.
하며 중얼거리다가 잠이 들었다.
한참 맛있게 자는데 머리에 호두가 떨어져 농부는 화들짝 놀라 일어나 아픈 머리를 만지며 이렇게 말했단다.
저 큰 호박이 높은 곳에 달렸다면 난 큰일 날 뻔했다.
작은 호두를 높은 곳에 두신 하나님 감사합니다.
그렇죠! 호박은 낮은 곳에 있어야지요.

그렇게 농부는 감사했다는 이야기다.

호박을 따면서 옆에 있는 은행나무를 바라보았다.
저렇게 큰 나무 위에 커다란 호박만한 은행이 주렁주렁 달려있다고 생각해보니 아찔하다.
어휴, 위험해. 우리 손녀 지안이도 못 놀러 오겠다.
정말 하나님의 오묘한 자연의 섭리에 그저 감사하는 마음으로 싱싱한 호박을 오늘도 딴다.

모든 만물, 아주 커다란 나무나 풀숲에 숨겨진 작은 들꽃 하나, 저 높은 창공에 나는 새, 땅속에 있는 땅강아지, 비록 하루밖에 못

살지만 하루살이 등 눈에 보이는 모든 피조물을 하나님의 신성과 능력으로 만들어진 귀한 것들임을 실감한다.

하물며 하나님이 자기형상 곧 하나님의 형상대로 창조하신 우리 인간들이야 말로 얼마나 귀중하고 소중하며 또한 우리 속에 하나님의 좋은 것들을 다 넣어 만드셨을 텐데 그 가치를 얼마나 인식하며 능력 있게 사용하고, 또 감사하며 살아가고 있을까.

나는 꽃밭의 아름다운 꽃들을 볼 때마다 그들에게 찬사를 보낸다.

어쩜 이렇게 아름다울까!

그러면 하나님께서 나를 향해 이렇게 말씀하시는 것 같다.

내 딸아, 너는 저 꽃들보다 더 아름다운 나의 완벽한 딸이란다.

"공중의 새를 보라 심지도 않고 거두지도 않고 창고에 모아들이지도 아니하되 너희 하늘 아버지께서 기르시나니 너희는 이것들보다 귀하지 아니하냐 " - 마태복음 6:26

13. 여름 달빛

8월 한낮의 햇살이 너무 뜨겁다.
점심에 남편이 칼국수를 해먹자고 한다.

이 더운 날 웬 칼국수?
아냐, 그래, 이열치열이라 했지.

국수를 하기 위해 호박을 따러 채소밭으로 나갔다.
둥근 호박이 몇 덩어리 널렸다.
　세 덩어리 따고 파 몇 뿌리 뽑아가지고 오는데 얼굴이 화끈거리며 땀방울이 등줄기를 타고 내린다.
　꽃밭의 꽃잎들도 더위에 지쳤는지 시들시들하다.

요즘 우리 꽃밭엔 카사블랑카 꽃이 단연 일품이다.

백합의 일종이며 꽃말은 웅대한 사랑이란다.

꽃대가 늘씬하게 뻗은 줄기에 다섯 송이 정도의 하얀 꽃이 얼마나 화려하며 또한 꽃향기는 얼마나 짙은지.

나는 그 꽃을 보면 어느 영화제 시상식에 올라오는 멋지고 화려한 외국 여배우를 보는 것 같다.

완벽한 미모와 짙은 향기에 취해버릴 것만 같기 때문이다.

이 더위에도 아랑곳없이 흐트러짐 없이 당당하게 서있는 카사블랑카,

하지만 한편 서글픈 생각이 들기도 한다.

영원히 시들지 않을 듯이 당당하게 서있는 너도 어쩔 수 없이 며칠 있으면 시들어야 한다니 화려했던 만큼 시든 모습이 더 초라할 것 같아 보고 싶지 않다.

그 옆에 천사의 나팔꽃이 더위에 꽃도 이파리도 축 늘어져 있다.

나팔모양의 노란 꽃이 주렁주렁 달려있다.

이 꽃은 월동이 안 되서 매년 봄이면 한 그루

사다 심는다.

  언젠가 주님이 나팔로 내 이름 불러주시길 기대하는 마음으로 매년 잊지 않고 천사의 나팔꽃을 심는다.

  숲에서 매미가 일제히 우는 소리가 귀를 울린다.

  맴~ 맴~

  매미소리가 도처에서 극성스럽게 울려 퍼지면 아, 진짜 여름의 절정이구나 싶은 감흥에 젖는다.

  매미들의 합창소리는 한낮의 더위를 씻어 주는 시원한 바람과도 같다고 느껴진다.

  어머, 나무 밑에 매미 한 마리가 떨어져 있기에 주웠더니 매미가 벗고나간 허물이다.

  어쩜 매미모양 그대로다.

  어떻게 흔적도 없이 살짝 빠져나왔을까.

  기술이 대단하다.

  한참을 들여다보고 있노라니 우리 인간들의 죽음도 이렇구나 싶다.

  허물을 벗고 우렁차게 울어대는 매미들처럼 언젠가 우리들도 껍데기인 육신을 벗고 하나님 앞에서 아름다운 찬양을 하겠지 싶으니 기분이 절로 좋아진다.

저녁 식사 후엔 남편과 저녁운동으로 집 앞 언덕길을 세 번 오르내린다.

한번 오르내리는데 15분 걸리니 세 번 왕복하면 45분이 걸려 땀이 촉촉하게 난다.

오늘도 언덕길 산책을 마치고 숨을 고르며 앞마당 의자에 앉으니 시원한 저녁바람이 부드럽게 감싼다.

하늘엔 달님이 만삭이다.

보름이 내일인가보다.

운동하려고 켜놓은 외등 불빛이 달빛 아래 왜 이리 초라해 보이는지 얼른 일어나 불을 껐다.

온 숲이 달빛으로 편안하게 잠기어 간다.

달빛 속에 꽃밭에서 풍기는 꽃들의 향기에 하루 종일 이런저런 일에 찌들었던 내 몸과 영혼이 정화되어감을 느낀다.

귀뚜라미가 요란하게 운다.

낮에 매미가 울더니 이젠 너희가 바통터치를 했니?

귀뚜라미소리는 나를 동심으로, 무지개 같은 미지의 세계로 이끈다.

매미 없는 한여름 낮, 귀뚜라미 없는 한여름 밤, 생각할 수 없다.

달빛 아래서 검은 머리보다 흰 머리카락이 더 많아진 남편을 쳐다보니 마음이 찡해진다.
이 여름의 절정을 잘 넘기면 채소들과 곡식이 풍성한 열매를 맺듯 우리도 이 인생의 절정을 서로 더욱 아끼며 잘 보내야겠다 싶은 마음이 든다.
두런두런 이야기에 여름밤이 깊어간다.

"여호와여 내 마음이 교만하지 아니하고 내 눈이 오만하지 아니하오며 내가 큰 일과 감당하지 못할 놀라운 일을 하려고 힘쓰지 아니하나이다 실로 내가 내 영혼으로 고요하고 평온하게 하기를 젖 뗀 아이가 그의 어머니 품에 있음 같게 하였나니 내 영혼이 젖 뗀 아이와 같도다 이스라엘아 지금부터 영원까지 여호와를 바랄지어다 " - 시편 131편

14. 통나무 다리

어제 아침, 남편과 곤지암에서 시내로 나가기 위해 올림픽 대로를 달리고 있었다.

시내 가까이에 오자 차가 밀리기 시작하며 거북이 속도로 가고 있는데 갑자기 뒤차가 쾅 하고 부딪히는 것이었다.

다행히 안전벨트를 하고 있었기에 망정이지 나같이 체중이 안 나가는 여자는 아마 차창 밖으로 튕겨져 나갈 뻔했다.

그 충격에 머리가 띵해져 놀래서 밖으로 나가보니 뒤차 운전하던 아저씨는 얼굴이 하얗게 질린 채 놀래서 미안하다며 어쩔 줄을 모른다.

조셨나 봐요?

내가 묻자, 그게 아니고 군대에 있는 아들이 아파서 데리고 병원에 가는 길이란다.

뒤 좌석에 있는 아들하고 이야기 하다 사고를 냈단다.

그 말을 듣고 차 안을 들여다보니 정말 군복을 입은 청년이 앉아있다.

선하게 생긴 군인 아저씨다.

나는 그만 불쌍한 마음이 들어 얼마나 아프길래 아버지가 부대에서 데리고 나와 병원으로 가나 싶은 게 우리 놀란 건 제쳐 두고 안심을 시켰다.

걱정 마세요. 아무 일도 아니니깐, 차는 보험에서 고치면 돼요.

웃으며 손을 흔들며 위로하고 명함을 서로 주고받으며 헤어졌다.

시내로 들어오는 내내 그 아들 생각이 났다.

그 차도 시내로 들어가는 걸 보니 아마 큰 병원으로 가는가 본데 어디 많이 아픈가?

별 병이 아니어서 다시 씩씩하게 부대로 귀대하기를 바라는 마음이 간절했다.

차 수리하는데 이틀이 걸린다고 보험사에서 대신 다른 차를 보내왔다.

덕분에 다른 차도 타보고…

또 며칠 전 폭우로 계곡의 물살이 힘차게 흘러내려간다.

숲을 관리해주는 아저씨가 4년 전에 산에서 나오는 통나무로 계곡에 다리를 만들어 줬었다. 나는 하루에도 몇 번씩 그 다리를 넘어 건너편 숲속으로 산책을 하곤 했다.

그 다리를 건널 때마다 감탄을 했다.

참 잘 만들었다, 누구 도움도 없이 혼자 어떻게 이 다리를 놓았을까.

그런데 몇 주 전 일요일이었다.

교회에 가는데 장대비가 무섭게 쏟아졌다.

계곡의 물살이 성난 사자의 소리를 내며 쏟아지고 있었다.

교회에서 돌아오는데 이주임 아저씨에게 전화가 왔다.

계곡의 다리가 떠내려가고 길가에 심은 소나무 두 그루도 계곡

이 넘쳐 떠내려갔다는 것이다.

  정말 집으로 가보니 집으로 올라가는 길옆의 계곡이 넘쳐 소나무는 뽑혀 나갔고 언덕 위 계곡으로 가보니 언제 그곳에 다리가 있었냐는 듯이 흔적도 없이 사라졌다.

  수혜지구에서 밭과 논이 흔적도 없이 쓸려나갔다는 보도를 들었던 것이 실감이 난다.

  그 무거운 통나무들이 무서운 물살에 쓸려 좁은 계곡을 타고 어디쯤 쓸려 나갔는지 흔적도 안 보인다.

  오늘도 건너편으로 산책을 나가야 하는데 그 다리가 아쉽다.

  물이 마르면 돌들을 딛고 징검다리 삼아 건너 저편으로 가련만 요즘은 물 양이 많아 산속 숲을 가려면 계곡 밑으로 돌아가야 한다.

  계곡 저편의 접시꽃도 보아 주어야 하고 숲 속의 밤송이들은 얼마나 영글어 가고 있는지

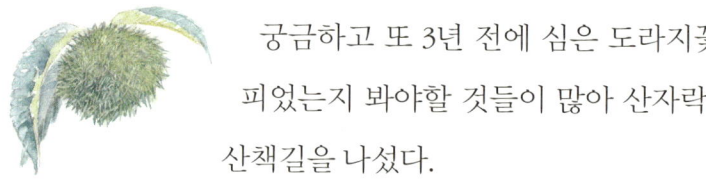
궁금하고 또 3년 전에 심은 도라지꽃은 얼마나 피었는지 봐야할 것들이 많아 산자락을 빙~돌아 산책길을 나섰다.

우린 자연을 성나게 하면 안 된다.

자연의 한 일부분임을 늘 자각하며 더불어 사랑하며 살아야 하겠다는 생각을 하면서 산책을 하는데 문득 어제 차 사고를 낸 아버지와 그 군인 아들이 생각이 나지 않는가.

다 키워 군대에 보낸 아들이 아프다니 그 아버지는 마음이 산란해져 차 사고를 냈으리라 생각하니 아버지도 안됐고 또 한창 젊은 나이에 어디가 아파서 부대에서 병원으로 보낼까 생각하니 마음이 자꾸 쓰인다.

아마 기도하라고 자꾸 생각이 나나보다.

'하나님, 군인 아들이 빨리 쾌유되어서 속히 부대로 가서 맡은 임무 잘 감당하도록 해주세요.'

"내 이름을 경외하는 너희에게는 공의로운 해가 떠올라서 치료하는 광선을 비추리니 너희가 나가서 외양간에서 나온 송아지 같이 뛰리라" – 말라기 4:2

15. 배롱나무 꽃

    새벽에 창문을 여니 앞산의 나무들과 집 앞 소나무들이 반짝반짝 빛난다.
    겨울 크리스마스트리를 장식하기 위해 은가루를 뿌린 것 같다.
    이슬인가 했더니 어제 하루 종일 내린 비로 소나무 잎들이 머금고 있는 풍성한 물기가 아침에 찬란한 햇빛에 반사되어 반짝이나보다.

    앞 산자락엔 아직 올라가지 못한 구름이 걸려있고 청명한 하늘엔 하얀 구름이 떠있고,
    와~ 아름다워라.
    매미들과 숲속의 벌레들은 찬란한 아침을 노래하느라 숲속이

요란하다.

이제 장마는 끝이 났을까?
오랜 장마로 일조량이 부족해 가을 곡식과 과일이 걱정이란다.
뒷마당에 있는 감나무에는 애기 주먹 만한 감들이 주렁주렁 달려있다.
밤송이, 도토리, 앞마당 대추나무들이 너무 많은 비가 싫다고 소리를 내는 것 같다.
이제 장대비는 그만 싫어요, 우리 열매들을 위해 따끈한 햇빛을 주세요.

채소밭에 있는 땅콩과 당근도 보채는 것 같다.
우리도 아직 마무리를 못했거든요, 우리도 햇빛이 필요하다구요.

알았어. 내가 줄 수 있는 것이 아니야.
너희들의 필요를 다 아시는 하나님이 햇살을 보내주실 거야.
기다려보자.

꽃밭에는 보라색의 비비취가 한창이고 내 사랑 한련화와 사르

비아 꽃들은 수차례 폭우에 정신을 못차리고 힘들어 한다.

이제 장마는 끝이 나는 모양이니 다시 재정비하고 맘껏 꽃들을 피워 보렴.

아직 여름은 남았으니.

흰 순백의 옥잠화 꽃도 피었다.

향기가 말할 수 없이 그윽하다. 오가며 옥잠화 꽃에 코를 박고 향기를 맡으면 오늘 하루 피곤했던 마음과 몸이 정화되는 것 같다.

지금부터 가을까지 우리 곤지암 숲의 여왕은 백일홍이다. 보통 백일홍 꽃 하면 시골 마당에 피어있는 세련되지 못했지만 순박하게 피어있는 노랑 빨강 흰색 등의 꽃을 말한다.

나는 화려하지도 세련되지도 않아서 왠지 정감이 가고 편해서 매년 잊지 않고 심는다.

지금 내가 말하는 백일홍은 그 꽃이 아니고 나무명은 배롱나무란다.

그 꽃이 백일 동안을 핀다고 해서 백일홍이라 부른다.

배롱나무는 나무 자체도 아주 매력적이다.

나무 몸체가 매끈하며 보드랍다.

4년 전 봄에 남편이 강원도 어느 시골농가에 갔다가 아주 오래돼 고목처럼 생긴 멋진 나무에 반해 샀다.

옮겨오는 일도 만만치 않은 일이었다.

나뭇가지 하나라도 손상치 않으려고 조심스럽게 묶어 큰 트럭에 싣고 밤새도록 달려 곤지암에 도착했다.

새벽에 도착한 나무를 자리 잡아 심어 놓으니 정말 멋졌다.

초봄이라 아직 이파리가 하나도 없는 완전히 발가벗은 나목인데 그 형체가 얼마나 근사하던지 나뭇가지를 만지면 그 탄력과 매끈함이 한참 운동으로 다져진 근육질의 운동선수들을 연상케 한다.

나는 나무를 만지며 위로해주었다.

먼 거리 오느라고 수고했다. 고향 떠나느라고 서운했지?

이제 우리 숲에서 잘 살아보자.

그리고 예수님, 이 나무가 이곳에서 잘 적응할 수 있도록 도와주세요.

그해 겨울에는 혹시 온도차로 적응이 안 돼 동해 입을까 걱정이 돼 비닐하우스를 지어 나무를 보호해주었다.

사람들이 그 비닐하우스를 보며, 나무가 저 속에 들어있네 하며 웃기도 했다.

지금은 잘 적응이 되어서 매년 나무 전체가 빨강 꽃으로 장관을 이룬다.

넋을 놓고 감상하고 있는데 잠자리 한 마리가 사뿐히 꽃잎에 앉는다.

그래, 너희들 속삭여. 내가 자리 피해 줄게.

오늘도 좋은 하루를 기대하며 집으로 향한다.

"내가 날마다 주를 송축하며 영원히 주의 이름을 송축하리이다"
― 시편 145:2

16. 봉선화

    9월로 들어서면 숲은 바빠진다.

    올해는 고추 농사가 잘됐다.

    고추도 많이 열리고 아직 병도 없이 깨끗하다.

    여름 내내 풋고추도 많이 따먹었으니 이젠 햇빛을 잘 받아 빨갛게 익어갈 일만 남았다.

    익은 고추는 따서 양지바른 곳에서 말려야 한다.

    깨끗한 먹거리를 위해서는 공과 손이 많이 든다.

    맷돌만한 호박은 누렇게 물들어가고 있고 오이는 늙어서 노각이 됐다.

    어제는 노각을 새콤달콤 초고추장에 묻혀 밥에 비벼먹으니 입안이 산뜻했다.

   고구마와 당근, 땅콩도 부지런히 땅위로 부상할 준비를 하고 있다.

2주 전에 뿌린 배추가 벌써 순이 나왔다.

아니, 저런, 벌써 벌레들이 그 여린 순을 시식했다.

그래서 벌레를 잡아주려고 밭고랑에 앉아 잎을 뒤척이는데 메뚜기가 새끼를 업고 살포시 이파리에 앉아 있는 것이다.

얼마나 귀엽던지.

엄마 등에 업힌 새끼메뚜기는 꼼짝도 않고 꼭 붙어있다.

내가 슬쩍 건드렸더니 메뚜기엄마는 새끼를 업은 채로 다른 곳으로 뛰어간다.

언덕 채소밭 옆에 빨간 봉선화 꽃이 만발했다.

봉선화 하면 구슬픈 노래가사와 어릴 적 생각이 난다.

울밑에선 봉선화야

그 모습이 처량하다

길고 긴 날 여름철에

아름답게 꽃필 적에

어여쁘신 아가씨들 너를 반겨 놀았도다

   시골 장독대 옆에 곱게 핀 봉선화가 왜 처량하게 보였을까.
   김형준씨가 작사하고 1920년에 홍난파 선생이 작곡했단다.
   그때가 일본치하에 있었던 때라 작사자의 마음이 나라 뺏긴 서러움으로 차있어서 순박한 시골집 앞마당에 피어 있는 빨간 봉선화 꽃이 우리 민족의 신세처럼 처량하게 느껴져 그런 가삿말을 지었나보다.
   지금은 일본 못지않게 잘 살아 선진 대국에 어깨를 나란히 할 정도로 위상이 높아진 지금 그 작사자가 시골 장독대 옆에 피어 있는 봉선화를 보면 어떤 마음으로 노래할까?
   이 노래를 조수미씨 등 여러 가수들이 불렀지만 들을 적마다 가슴이 찡하며 아무리 어려운 시련도 꿋꿋하게 잘 이겨내는 우리 국민성에 새삼 감사하며 긍지를 갖게 된다.

그렇다고 봉선화 때문에 그런 슬픈 추억만 있는 것은 아니다.

어렸을 적 여름밤에 꽃잎을 따서 그릇에 담아 백반을 넣고 잘 이긴 다음 손톱 발톱에 얹고 밤새 빠질까 실로 칭칭 감고 잤었다.

빨갛게 잘 들여지라고 백반을 많이 넣어서 그런지 손이 아리기도 했지만 아침에 빨간 손톱을 그리며 참았던 기억이 난다.

자다가 빠지기도 해 이불에 빨간 물을 들여 조심 안했다고 엄마한테 야단맞기도 하고 다음날 누구 손톱이 더 예쁘게 들여졌는지 비교도 하며 좋아라했던 어린 시절의 추억이 있어 봉선화 꽃이 한없이 정겹다.

빨간 고추잠자리 한 마리가 누구 색깔이 더 빨갛게 고운가 비교하고 싶은지 꽃잎에 앉는다.

우리 손녀 지안이가 다섯 살쯤 되면 손톱에 봉숭아 물을 들여

줘야지.

이제 두 살이니 몇 년을 기다려야 하나.

오늘 저녁 먹고 산책할 때 남편에게 봉선화 노래 불러 달라고 해야겠다.

남편은 노래부르기를 좋아한다.

하지만 가사를 바꾸어야지.

울밑에선 봉선화야 네 모습이 처량하다가 아니라 네 모습이 아름답다로.

성경 말씀이 생각이 났다.

"무릇 지킬 만한 것 중에 더욱 네 마음을 지키라. 생명의 근원이 이에서 남이니라."(잠언 4:23)

아무리 어려운 환경이라도 항상 기쁜 마음을 지키고 범사에 감사한 마음으로 지키며 쉬지 말고 기도하는 마음을 가질 때 만물을 행복한 마음으로 바라보게 되며, 그럼 자신도 어느새 행복해지겠지.

"항상 기뻐하라 쉬지 말고 기도하라 범사에 감사하라 이것이 그리스도 예수 안에서 너희를 향하신 하나님의 뜻이니라" – 데살로니가전서 5:16–18

3부

볼품없는 모양새이지만 그대로 받아 주시는 하느님

17. 코스모스

9월로 접어들면서 아침저녁으로 제법 찬바람이 분다.

이제 가을이 문턱을 넘어섰음을 느낀다.

요즘 시골길 양 옆으로는 코스모스가 흐드러지게 피어 있다.

볼일 보러 서울 시내로 가기 위해서는 10분 정도 시골길을 빠져 나와야 큰 국도와 만나는데, 내 차가 지나가는 동안 코스모스들은 온몸을 흔들며 잘 다녀오라고 배웅을 한다.

나는 그들의 배웅을 받고 지나가려면 옛날 여고시절이 생각이 난다.

내가 다니던 진명여고는 청와대 근처 효자동에 위치하여 외국 귀빈이 오실 때나 대통령이 나라의 국위 선양을 하고 귀국하실 때는 모든 학생들이 부름을 받고 도로변 양옆에 줄지어 서서 국기를 흔들며 환영을 했던 생각이 난다.

그런데 내가 요즘 코스모스의 배웅을 받으며 시내로 들어가는 기분과 여학생들의 배웅을 받으며 지나갔던 그 외국 귀빈들의 기분이 같았을까?

내 차가 코스모스 곁을 지날 때 가지각색의 아름다운 꽃들이 활짝 웃으며 잘 다녀오세요, 하며 일제히 고개를 흔들며 인사를 하면 질서정연한 영국왕실의 근위대를 지나가는 엘리자베스 여왕 못지않다는 기분을 느낀다.

그 권력의 맛은 모르지만, 그래, 오늘도 무슨 일을 하든지 누구를 만나든지 너희들의 향기를 전해주고 돌아올게.

약속을 하며 기분 좋게 서울을 향해 달린다.

거리가 먼지로 가득한 서울에 오는 날이면 여러 가지 일 때문에 사람을 만나는 동안 나는 어느새 코스모스와의 약속을 잊어버린다.

복잡하고 나쁜 공기에 피곤해진 모습으로 곤지암으로 돌아오다 거의 다 와 코스모스 길에 들어서면 아침에 배웅 받고 갔던 코스모스들이 기다렸다는 듯이 일제히 온 가지를 흔들며 나를 반긴다.

"어서 오세요, 피곤하셨죠."+

진정으로 활짝 웃으며 반기는 그들을 보니 어느새 내 피곤이 스르르 녹는다.

아, 너희들이 있었지. 나를 아무 이해타산 없이 있는 그대로 반겨주는 너희들이 있기에 다시 새로운 힘을 얻을 수 있단다.

너희들은 사랑이신 하나님이 나에게 보내주신 피로회복제 특효약이야.

하나님, 고맙습니다.

이 파란 하늘 위에 이토록 아름다운 코스모스를 나의 친구로 보내주셔서…

조용우 시인의 '사랑 안에 있는 사랑'이라는 시 한 구절이 생각난다.

누가 사랑을 보았을까요
모두가 사랑을 안다고 하면서도
보지는 못했다고 하겠지요
하지만 나는 사랑을 본적이 있어요
어느 날 갑자기 눈이 열리자
새로운 세상이 내 앞에 펼쳐지면서
천지에 가득한 사랑이 보였어요

"나는 포도나무요 너희는 가지라 그가 내 안에, 내가 그 안에 거하면 사람이 열매를 많이 맺나니 나를 떠나서는 너희가 아무 것도 할 수 없음이라" - 요한복음 15:5

18. 곤충들과 함께하는 삶

    2년 전 딸이 결혼을 하고 신혼여행에서 돌아와 친정집인 곤지암에서 하루 묵는 날이었다.

    뜰에서 고기와 가지고 온 와인을 곁들여 즐거운 식사를 마치고 각자 방으로 들어갔다.

    처갓집에서의 첫날인데 싶어 우리 부부침실을 내주었다.

    방으로 들어간 지 얼마 안 되어 둘이 문밖으로 나와, "어머니, 빗자루 어딨어요?" 한다.

    자다 말고 빗자루는 왜 찾느냐고 물으니 천장에 거미줄이 있고 거미가 있단다.

    나는 순간 민망했다.

    처갓집에서 첫날인데 천장에 거미줄이 쳐 있다니,

깔끔치 못한 장모라는 첫인상을 준 것 같아 부끄러웠다.

어제 우리가 잘 때에도 안 보였던 거미줄이 언제 쳐졌지?

그리고 얘네들은 신혼인데 서로의 얼굴이나 쳐다보고 잘 것이지 웬 천장은 보고 거미줄은 발견한 거야.

생각하며 빗자루를 건네주니 침대로 올라가 거미줄을 쓸어내고 야단이다.

구석에 조금 처진 거미줄가지고 법석은…

평소에도 우리 애들은 벌레가 많다고 곤지암에서 자는 걸 좋아하지 않아 자주 안 온다.

하긴 나도 젊었을 적엔 곤충들이 많아 시골을 좋아하지 않았으니 이해한다.

나이가 들어서인가, 아니면 시골에 살기 때문일까?

지금은 곤충이 싫지 않고 오히려 다 귀해 보이고 어떤 벌레들은 귀엽기까지 하다.

물론 모기와 파리는 절대 아니다.

아침에 부엌에도 목욕탕에도 방벽에도 기어가는 딱정벌레 등 이름을 알 수 없는 벌레들을 자주 만나게 된다.

나는 휴지로 살포시 잡아 창밖으로 내보낸다.

요즘은 벌이 안으로 잘 들어온다.
거미도 잘 들어온다.

큰 거미가 아니라 다행이고 새끼거미들이긴 하지만 아마 우리 집이 오래된 목조 건물이라 틈이 많아 벌레들의 출입이 자유로운 모양이다.

성경에서 엘리야 선지자가 거미 때문에 산 이야기가 생각나며 위로가 된다.

엘리야가 적들을 피해 산으로 도망하다 막다른 절벽에 다다랐다.

마침 동굴이 있어 그 안으로 숨었다.

그때 큰 거미가 나타나 동굴 입구에 거미줄을 치기 시작했다.
순식간에 동굴입구는 거미줄로 막혀버렸다.
뒤이어 쫓아온 적들은 엘리야는 보이지 않고 동굴은 있으나 거미줄이 저렇게 쳐있는 걸 보니 동굴 안도 없겠다 싶어 다른 곳으로 가버려 살았다는 이야기다.

다윗도 사울 왕을 피해 다니다 모기의 도움으로 위기를 면했다는 성경이야기를 보면 하나님은 곤충들을 사용하기도 하시니, 곤충은 물론 모든 만물들은 하나님의 뜻 가운데 창조된 것들이니 그들의 생명도 귀하게 여겨야 한다는 생각이 든다.

몇 년 전에 읽은 레이첼 카슨이 쓴 침묵의 봄이라는 책이 생각난다.
평화롭고 아름다운 한 시골 마을이 어느 날부터 갑자기 원인 모를 질병과 죽음으로 고통 받는다는 우화로 시작하는 이 책에서 카슨은 살충제 사용으로 파괴되는 생태계와 그로 인해 인간이 치러야 할 엄청난 대가에 대해 낱낱이 고발한 책이다.
그 책을 읽으면서 참으로 놀랍고 무서웠지만 그땐 서울에 살고 있었기에 금방 잊어버렸다.
곤지암으로 온 후 그 책에서 읽었던 환경 생태계 문제가 남의 이야기가 아님을 실감하게 된다.

봄이 되어도 제비가 안 날아오고 새들의 수효가 점점 줄어든다고 한다.

땅이 죽어가고 자연이 파괴되니 그 안에서 살아야 하는 생물들이 점점 사라지고 있다.

봄이 왔는데도 새들과 곤충의 지저귐이 없고 꽃들도 안 피는 곤지암 숲의 봄은 상상만 해도 무섭고 소름이 끼친다.

그래서 지금 기어가고 있는 이름 모를 벌레가 더욱 귀하고 사랑스럽다.

하나님이 우리에게 잘 관리하며 살라고 주신 이 땅을 위해 작은 일이라도 소홀히 하지 말아야겠다는 생각을 한다.

설거지할 때도 되도록이면 세재를 줄이고 뜨거운 물이 하수구에 들어가 미생물이나 벌레가 죽지 않도록 조심해야지.

"하나님이 땅의 짐승을 그 종류대로, 가축을 그 종류대로, 땅에 기는 모든 것을 그 종류대로 만드시니 하나님이 보시기에 좋았더라" - 창세기 1:25

19. 단풍의 비밀

가을이 되니 모든 식물들이 자신들의 정체성을 확실히 드러낸다.

여름철엔 다 같이 푸른색의 엽록소에 가려 그 나무가 그 나무 같다가 가을이 되니 과일나무는 각자의 과실로, 고구마 땅콩 당근 무 등 채소들도 제각기 자신들의 열매를 뽐낸다.

열매가 없는 나무는 아름다운 색깔인 단풍으로 변하여 우리들을 한껏 매혹한다.

가을의 단풍은 역시 은행나무와 단풍나무다.

샛노란 은행잎은 얼마나 아름다운지, 옛날 여고 때 광화문에 있는 덕수궁으로 은행잎 주우러 갔던 기억이 난다.

덕수궁 뜰에는 아주 커다란 은행나무가 줄지어 있어 이맘때쯤이면 노오란 은행잎이 수북이 쌓여 있다.

토요일 일찍 끝난 날에 친구들과 아름다운 은행잎을 뽀드득 뽀드득 밟아가며 예쁜 잎을 주워 책갈피에 끼워 넣기도 하고 나무 밑 벤치에 앉아 떨어지는 은행잎을 바라보며 감상에 젖기도 했던 기억을 떠오르게 한다.

요즘 여학생들은 학교 끝나면 학원 가랴, 그런 낭만을 즐길 여유가 있는지 참 안타깝다.

가을 단풍의 대표는 뭐니 해도 단풍나무다.

붉게 물들기 시작해서 빨간색이 절정을 이루면 온 나무가 불붙은 듯하며 붉은 색도 다양한 것이,

아, 아름다워! 라고밖에는 표현할 말이 없다.

그런데 이토록 아름다운 단풍이 그냥 만들어지는 것이 아니란다.

며칠 전 신문에 김은호목사님이 쓰신 단풍의 비밀이라는 칼럼에 보니 나뭇잎 속엔 붉은 색을 띠는 안토시안이라는 색소가 있고 노란색을 띠는 카로티노이드라는 색소가 있단다.

여름에는 엽록소에 가려 보이지 않지만 가을이 되면 이 색소가

보이게 된단다.

 한편 잎에선 엽록소가 햇빛을 에너지원인 당으로 바꿔 줄기로 보내는데 가을에 밤 기온이 떨어지면 당의 이동이 느려지면서 남아있는 당이 붉은 색소인 안토시안으로 바뀐다.
 그래서 가장 선명한 단풍은 낮엔 따뜻하고 밤엔 추운 날씨가 계속될 때 나타난단다.
 미국 코넬대 식물학과 피터 데이비스 교수는 나무가 고통을 많이 받을수록 단풍은 선명해진다고 밝히고 있다.

  이 글을 읽고 나니 전에는 단풍을 볼 때 그저 단순히 아, 아름답구나! 하고 감탄만 했을 뿐 저절로 그냥 쉽게 단풍이 드는 줄 알았는데 아픔 끝에 성숙이라고 그런 숨은 고난이 있어 이토록 아름답게 빛나는구나 싶으니 떨어진 단풍잎 하나가 예사롭게 안 보인다.

  우리 인생에도 고난이 없는 사람이 어디 있을까?
  이해할 수 없는 고난이 우리의 인격을 더욱 고상하고 품위 있게 만들어 보는 이로 하여금 아름다움을 선사할 수 있는 사람이 되었으면 좋겠다는 생각을 해본다.
  저 아름다운 단풍잎처럼.

  성경 책갈피에 끼어 넣을 예쁜 단풍잎 주우러 나가야겠다.

"다만 이뿐 아니라 우리가 환난 중에도 즐거워하나니 이는 환난은 인내를, 인내는 연단을, 연단은 소망을 이루는 줄 앎이로다" – 로마서 5:3,4

20. 감나무

 가을이 깊어 단풍도 거의 다 떨어지고 농작물도 거의 다 거둬들였다.
 김장 배추와 감만 남아있다.
 배추는 얼지 않게 덮어주고 무는 땅에 묻어놨다가 김장 때 쓴다.
 잎이 다 떨어진 나무에 빨간 감이 주렁주렁 달려있다.
 얼기 전에 따자고 하지만 나는 먹기보다는 겨울 내내 꽃처럼 달려있는 모양이 좋아 안 따고 그냥 놔둔다.
 오다가다 잘 익은 감을 장대로 하나씩 따먹으면 얼마나 달고 맛있는지.
 물론 나만큼 좋아하는 놈은 까마귀와 새들이다.

살벌한 들판에 빨간 연시가 매달려있으니 정말 좋은 요깃거리겠지.

그래, 너도 먹고 나도 먹고.

나는 유독 감나무를 좋아한다.

봄에 연한 순이 나오면서 핑크색의 앙증스러운 꽃을 피운다.

어렸을 적엔 감꽃이 떨어지면 주워서 실에 꿰어 목걸이라고 달고 다니기도 하고 먹기도 했다.

그 어린 시절이 그리워 지금도 떨어진 감꽃을 주워 말려 차로 달여 마시기도 한다.

4월에 여린 감순 잎을 말린 차가 비타민 C가 가장 많은 차란다.

감나무는 하나도 버릴 것이 없는 나무다.

특별히 내가 감나무를 좋아하는 것은 열매인 감이 열리기 시작하면서 나에게 일깨워주는 교훈이 있기 때문이다.

봄에 그 여린 꽃이 떨어진 곳에 콩알 만한 감이 열리기 시작하면 나는 그때부터 안타까워지기 시작한다.

다 자라 튼실한 열매가 되기까지 너무나 많은 어린 감이 떨어져 나가기 때문이다.

콩알만 할 때부터 시작해 자두 만하게 자란 뒤에도 떨어져 아쉬운 마음에 주워서 만져보곤 한다.

　이제 떨어질 만큼 떨어졌으니 이제 남은 감들만은 꼭꼭 붙어있길 바라지만 뚝 소리가 나서나가보면 어느새 주먹만큼 자란 감까지 떨어져 뒹굴고 있다.

　아휴, 참. 이만큼 자라서 왜 떨어지니.

　제일 아쉬운 건 봄여름 비바람 다 이겨내고 거의 빨갛게 익어서 조금만 참으면 홍시가 되어 우리들을 즐겁게 해줄 텐데 못 참고 떨어지는 감을 보면 화가 날 정도로 안타깝다.

　지금 남아서 빨갛게 익은 감들은 끝까지 붙어있어 성공한 감들이다.

　나는 감이 익어가는 과정을 보며 우리들의 믿음 생활을 비추어 보게 된다.

　예수님을 처음 만나 예쁜 열매를 맺다가 작은 시험에 들어 믿음을 멀리하고, 어느 정도 자랐나 싶으면 또 이런 저런 이유로 교회를 등지는 우리들의 모습이 꼭 때를 따라 떨어지는 감 같아 안타깝다.

　지금 저렇게 빨간 감이 눈과 마음에 즐거움을 주듯이 우리도 비바람이 몰아쳐도 꼭 예수님께 붙어있어 하나님의 기쁨이 되는 내가 되어야겠다는 생각을 일깨워주는 나무가 감나무다.

그래서 감나무를 사랑한다.

감은 안 따도 감나무는 추위에 약하므로 볏짚으로 싸줘야 한다.
감나무 싸주면서 배롱나무도 관리인 아저씨가 정성스럽게 싸주었다.
볏짚으로 싼 나무들은 겨울의 장식품이다.

집으로 돌아오며 무 하나를 뽑아가지고 왔다.
무는 가을의 보약이라지.
저녁에 무나물 무치고 무청은 삶아서 된장국 끓여 하나님이 주신 최고의 재료로 저녁 식사를 준비하는 마음이 감사로 넘친다.

"내 안에 거하라 나도 너희 안에 거하리라 가지가 포도나무에 붙어 있지 아니하면 스스로 열매를 맺을 수 없음 같이 너희도 내 안에 있지 아니하면 그러하리라" – 요한복음 15:4

21. 꽃밭과 마음 밭 정리

    그동안 주위 분들의 병환으로 마음이 아프고 신경이 쓰여 꽃밭도 채소밭도 돌아볼 겨를이 없었다.
    오늘은 마음을 다시 가다듬고 아침 일찍 밖으로 나가 꽃밭을 둘러보았다.

    엄마가 바빠 아이들 목욕 안 시켜 꼬질꼬질하듯이 밭이 정갈하지 않고 퇴색한 시든 꽃들과 삐죽 삐죽 돋아난 풀들하며 어수선하다.
    가위로 시든 장미꽃, 빛바랜 백일홍 꽃 등을 잘라주었다.
    얼마 전까지 향기를 뿜으며 흰 순백의 아름다웠던 옥잠화 꽃도 시들어서 긴 줄기에 마른 채로 매달려있는 모습이 예쁘지가 않다.

　마치 내가 얼마나 좋은 향기를 뿜으며 아름다운 꽃이었는지 그 미련을 못 버리며 아쉬워 차마 떨어지기가 싫은지 줄기 끝에 시든 채로 매달려 있는 듯하다.

　나는 줄기를 매몰차게 잘랐다.
　지난날의 영화에만 매달려 있으면 안 돼.
　그래, 그때 넌 정말 아름답고 네 향기는 매혹적이었어.
　하지만 지금은 조용히 사라질 때야.
　대신 내년에 다시 필 수 있잖니.

난 꽃밭을 정리하며 내 마음속에도 시든 꽃들이 남아있어 마음 밭을 혼탁하게 만들고 있는 것은 아닌가 생각하며 가위질을 하기 시작했다.

노총각 아들의 배우자 문제, 음악가인 딸의 앞으로 있을 큰 연주회, 남편의 건강문제, 그리고 나이 탓인지 형제들도 안 아픈 사람이 없으니 걱정, 같은 교회에 나가며 친하게 지내는 권사님의 암 투병 등…

모두 내가 걱정한다고 해결될 일들은 아니어서 하나님께 맡긴다고 하면서도 어느새 모두 끌어안고 한숨을 쉬고 있으니 이것이 진짜 선하신 하나님을 믿는 믿음일까?

아니야, 자 마음 밭을 정리하자.

우선 걱정 근심이라는 시든 꽃에 가위질을 했다.

그런데 가만히 들여다보니 교만, 욕심, 시기, 미움, 나태함, 허영 등이 삐죽삐죽 자라있는 것이 아닌가.

아니야, 더 커지기 전에 뽑아버려야 돼.

며칠만 신경 안 쓰면 채소밭이나 꽃밭이 지저분해지듯 내 마음 밭도 영적으로 늘 깨어있지 않으면 어느새 풀들이 무성해져 예수님의 생명과 능력과는 관계없는 생활을 하게 된다.

꽃밭, 마음 밭을 깨끗이 정리하니 아주 기분이 좋아졌다.

채소밭으로 내려가 볼까.

김장배추가 예쁘게 많이 자랐다.

벌레가 먹기도 했지만 싱싱한 것이 꽃송이 같다.

배추벌레를 잡기 위해 배춧잎을 뒤적이다보니 메뚜기가 숨어 있다.

얼마 전에 새끼를 업고 있었는데 오늘은 왜 혼자니.

다 커서 분가시켰니?

배추벌레는 자세히 들여다보아야지 색깔이 같아 눈에 얼른 안 띈다.

늙어서 눈이 어두워지면 벌레도 못 잡겠네.

돋보기 쓰고 벌레 잡아야 되나?

그 모습을 생각하니 너무 웃긴다.

한 살이라도 젊었을 때 무엇이든지 열심히 해야겠다.

옆 고랑 무밭에 벌레가 많다.

무청이 몸에 좋다는 것을 요 벌레들도 잘 아는 모양이지.

얘들아, 다 먹지 말고 남겨 두거라, 같이 나눠먹자.

이렇게 사정하고 벌레를 잡는데 새끼 업은 메뚜기들이 거기 숨어있다.

아이고, 반가워라. 새끼 잘 업어 주거라.

나도 우리 손녀 지안이가 보고 싶고 업어 주고 싶은데 감기 때문에 서울 못가니 빨리 나아서 업어줘야지.

추석에 송편 속 넣을 콩이 잘 여물어가고 있다.
대추나무에도 대추가 대롱대롱 익어가고 있다.
한 알 따서 입에 물으니 풋내나지만 달짝지근하다.
풍성한 가을이 성큼 성큼 오고 있구나.

집으로 돌아오며 깨끗이 정리된 꽃밭과 내 마음속에 무겁게 자리 잡고 있었던 짐들을 내려놓으니 발걸음이 가벼워지며 오늘 하루가 기대된다.

"마음이 청결한 자는 복이 있나니 그들이 하나님을 볼 것임이요" - 마태복음5:8

22. 가을 향기

    음력 8월 5일 추분이 지나자 낮의 길이가 짧아지고 밤의 길이가 길어지기 시작하며
    가을이 성큼 곤지암 숲에 다다랐음을 느낀다.
    나무들이 가을 옷으로 갈아입기 시작했다.
    앞뜰에 계수나무 한 그루가 있는데 제일 먼저 단풍이 들기 시작하더니 이파리가 모두 노랗게 물들었다.
    성질이 급한 모양이다.

    집 앞 언덕길 양옆으로 코스모스가 한창 피었다.
    길 쪽으로 흐드러지게 피어 있어 차가 지날 때는 차창에 부딪혀 조심스럽게 빠져나가야 한다.

아침에 남편이 나가다 코스모스 꽃을 찍으며 나보고 꽃 옆에 서란다.

아침에 부스스한 모습으로 꽃 옆에 선다는 게 어쩐지 이쁜 꽃들에게 미안한 생각이 들어 싫다고 했지만, 괜찮다고 하며 셔터를 누르는 남편의 마음이 고마웠다.

비록 나이 들어도 남편에겐 영원히 꽃이기를 바라는 게 여자들의 마음이라면 남자들은 닭살 돋는다고 할까?

가을 꽃 하면 과꽃을 빼놓을 수 없다.

곤지암 숲으로 이사 온 후 제일 가까운 이웃이 시내산교회를 섬기는 두 여자목사님이시다.

어려운 환경에서도 열심히 교회와 어려운 이웃을 도와가며 목회하시는 모습에 감동을 받으며 가끔 만나서 기도제목도 나누어 가며 기도도 하고 일주일 동안 은혜 받았던 간증도 나누기도 하는 좋은 이웃이다.

농사도 잘 지으시기에 처음엔 많은 도움을 받았다.

이사 온 그해 여름에 시내산교회에 놀러갔다.

과꽃 모종을 얻어와 심은 몇 포기가 지금은 번져 한쪽이 과꽃

밭이 되었다.

그런데 올해는 보라색의 과꽃만 피었다.

환상적인 자주빛과 분홍색 흰색 등 다양한데 어쩐 일인가 생각해보니 올봄에 집중 폭우가 몇 차례 있었다.

그때가 과꽃들의 싹이 어릴 때였다.

몇 번의 폭우에 많은 싹이 쓸려 나가기도 하고 죽기도 했는데 아마 보라색 꽃이 강해서 살아남은 모양이다.

다른 색이 없어 아쉽기는 하지만 그 순박한 모습이 마치 조미료 안 들어간 담백한 음식 같다는 생각이 들며 정겹기 그지없다.

그 여 목사님 댁에 가서 다른 색깔의 씨를 받아와서 여러 색의 친구들을 만들어주어야지.

올핸 유난히 잠자리가 눈에 많이 띈다.

앞마당 빨랫줄에도 빨간 고추잠자리 몇 마리가 앉아 있다.

빨간 고추잠자리는 얼마나 귀여운지 채소밭에 나가는데 내 손

등에도 살며시 앉는다.

겁도 없이…

배춧잎은 푸르름을 더해가며 성장이 빠른 녀석은 벌써 잎이 안으로 구부러지며 포기를 이루어간다.

배추밭 옆 고랑 고구마 순이 잘 뻗어나가 무밭까지 침범하려 한다.

땅속의 고구마와 땅콩은 얼마나 많이 달렸을까 궁금하다.

추석은 지나고 추수해야 할 것 같다.

요즘 들녘엔 한참 벼 익는 소리가 들린다.

한낮의 따끈한 햇빛이 하루가 다르게 벼들을 영글게 한다.

어느 정도 익은 벼들은 고개를 숙여가고 있다.

봄에 논에 심기우고부터 폭우로 해충으로 많은 어려움이 있었지만 고비 고비 지켜주시고 이렇게 알곡을 맺게 해주신 하나님께 감사하기만 해 고개를 숙일 수밖에 없다는 듯이…

우리 옛 속담에도 벼는 익을수록 고개를 숙인다고 하지 않는

가.

그 모습이 얼마나 겸허한지.

내가 잘나서 오늘의 내가 있는 양 고개 바짝 들고 다니는 내 자신이 부끄러워진다.

황금물결을 이루는 들판을 지날 때마다 그들이 나의 선생인 것이 감사하고 그래서 밥알 한 톨도 소중하게 여겨야겠다고 다짐해 본다.

파아란 하늘과 고추잠자리가 코스모스에 앉아 그네를 타고

밭엔 무 머리가 애기속살처럼 뽀얗게 땅위로 내밀고 대추가 빨갛게 익어가는 이 가을이 너무 감사해 구석구석 가을 냄새를 맡으러 숲으로 들어간다.

> "오라 우리가 여호와께 노래하며 우리의 구원의 반석을 향하여 즐거이 외치자 우리가 감사함으로 그 앞에 나아가며 시를 지어 즐거이 그를 노래하자 여호와는 크신 하나님이시요 모든 신들보다 크신 왕이시기 때문이로다 땅의 깊은 곳이 그의 손 안에 있으며 산들의 높은 곳도 그의 것이로다 바다도 그의 것이라 그가 만드셨고 육지도 그의 손이 지으셨도다" - 시편 95:1-5

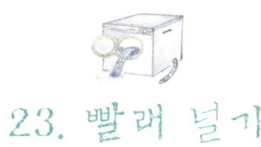
23. 빨래 널기

나는 옆 마당 나무와 나무사이에 긴 빨랫줄을 묶어놓았다.

오늘같이 화창한 날은 빨래를 해서 널던지, 아니면 이부자리라도 긴 빨랫줄에 널기를 좋아한다.

오늘은 밀린 빨래를 하기 위해 세탁기에 빨래를 돌렸다.

다 빨아진 빨래를 바구니에 담아 마당으로 가지고 나간다.

가을 햇빛이 따끈따끈하다.

하나하나 탁탁 털어가며 빨랫줄에 넌다.

셔츠 종류는 옷걸이에 걸어서 널므로 빨랫줄도 많이 안 차지한다.

빨래를 널고 있는 내 등도 따끈따끈해지며 깨끗한 빨래처럼 마

음까지 산뜻하다.

   손빨래는 힘이 드니 어쩔 수 없이 세탁기를 사용하지만, 말리는 것만큼은 햇빛에 말린다.
   세탁기에서 빨리고 탈수가 되느라 이리 저리 뺑뺑이를 돌고 나오면 옷들도 지쳐 있는 것처럼 느껴진다.
   그러나 마당 빨랫줄에 널려서 따끈한 햇빛과 시원한 바람을 맞으면 상쾌하다고 웃는 것 같다.

   난 빨래를 널 때마다 이야기를 한다.
   남편의 속내의와 셔츠를 널며,
   너희들 햇빛을 많이 받아 남편에게 햇빛을 전해드려라.

   양말들에게도 이야기하면 대답을 하는 것 같다.
   햇빛을 잔뜩 담아다 우리 발에 전해줄 거지?
   그럼요.

이렇게 기분 좋은데 주인님들을 기쁘게 해드릴게요.

잠자리들은 덩달아 뭐가 좋은지 빨랫줄 주위를 비행한다.

빨래줄 가득히 널려진 빨래들이 바람에 기분 좋게 흩날리는 모습을 뒤로하고 나도 덩달아 좋아진 기분으로 땅콩 밭으로 내려갔다.

오늘은 땅콩을 수확해야겠다.

원래 땅콩은 모래 섞인 땅에 심어야 잘 열린다고 한다.

우린 그냥 밭에다 심었다.

그래서 그런지 많이 열리지는 않았지만 제법 통통한 알들이 주렁주렁 딸려 나오는 것이 어찌나 신통한지 까서 입에 넣으니 비릿하지만 고소하다.

땅콩 수확이 좀 늦은 걸까.

어떤 땅콩은 벌써 땅속에서 딱딱한 껍데기를 까고 싹이 돋았다.

빨리 수확 안 해 준다고 화가 나서 에라 모르겠다 하며 그 딱딱한 껍질을 깨고 순을 틔웠나.

생명의 힘이 대단함을 다시 한 번 느끼게 한다.

그 옆 고랑에 있는 고구마도 캐야 하는데 늦어서 땅속에서 싹

이 나오면 안 되니 수일 내로 캐야겠다.

   심는 것도 거둘 때도 때를 잘 지켜야 성공적으로 수확할 수 있듯이 우리 매일의 삶도 잘 점검하며 지금이 어느 때인지를 분별할 수 있게 깨어있어야겠다는 생각을 하며 땅콩 소쿠리를 들고 집으로 향했다.

   아침에 널어놓은 빨래를 걷어야겠다.

   곤지암 숲은 습기가 많아 해지기 전에 빨리 걷어야지 늦으면 빨래가 눅눅해진다.

   바짝 말려진 빨래를 걷으니 뽀송뽀송한 촉감과 따뜻함이 손에

전해진다.

하나님의 사랑의 선물인 햇빛을 잔뜩 품은 이 옷들을 입으면 하나님의 체온이 느껴지는 것 같아 행복해지겠지.

그리고 건강도 덤으로 주어질 거야.

아파트와는 달리 일은 많지만 시멘트가 아닌 흙을 밟고 텃밭을 가꾸어 심고 거두는 재미,

소나무에 걸려 있는 달을 매일 보는 재미,

눈에 보이는 것이 하나님의 사랑이니 이 재미를 무엇과 바꾸겠는가.

"하나님이 이르시되 내가 온 지면의 씨 맺는 모든 채소와 씨 가진 열매 맺는 모든 나무를 너희에게 주노니 너희의 먹을 거리가 되리라" – 창세기 1:29

24. 은행나무

설악산엔 벌써 눈이 내렸단다.

며칠 전에 바람을 동반한 비가 오더니 날씨가 쌀쌀해졌다.

찬바람과 서리가 내리기 전에 농작물들을 수확해야 한다.

며칠 전에 땅콩은 수확했으니 이번엔 고구마를 캐야 하고 배추는 묶어주어야 김장때까지 견딘다.

고추도 어서 말려 방앗간에 가서 고춧가루로 빻아야 한다.

곤지암 숲 단풍이 아름답게 물들기 시작했다.

붉게 물들어 가는 단풍잎을 볼 때마다 나는 빨간 홍옥사과가 떠오른다.

그것은 대학시절 추운겨울에 명동 거리에서 친구와 데이트했던 생각이 나기 때문이다.

   그때는 지금 강남이 생기기 전이고 친구들 만날 장소로는 명동이 적당한 곳이었다.

   국립극장이 있던 명동에서 친구와 연극을 보고 나오면 명동거리는 대학생과 젊은 직장인들로 장사진을 이루며 상점들의 휘황찬란한 불빛들이 하루의 스트레스를 잠깐 잊게 해줄 만큼 분위기 있는 거리였다.

   추운 겨울이지만 사람들의 흥분된 열기 때문인지 추운 줄 모르고 여기 기웃 저기 기웃 하며 걷고 있던 중 우리의 발길을 잡은 것은 손수레에 가득 담긴 빨간 홍옥사과였다.

   사과를 사서 손수건에 쓱 문질러서 찬 사과를 한입 물으니 아, 싱그러운 즙이 온 입안으로 퍼지고 우리의 꿈도 사과 향내만큼 향기로우리라는 설렘에 가슴이 뛰었던 생각이 난다.

   지금 그 친구는 미국에서 목사님 사모로서 살고 나는 곤지암 숲에 살며 자연 속에서 만나는 하나님에 대한 이야기를 하며 살아가고 있다.

   그때 사과 한입 물며 나누었던 꿈보다 우린 지금 하나님 안에서 더 확실하고 향기로운 꿈을 꾸고 있음에 감사할 뿐이다.

단풍잎을 보다 젊은 시절로 잠깐 갔었네.

정신 다시 차리고 숲으로 은행 주우러 가야 겠다.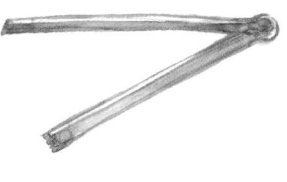

며칠 전에 숲속으로 산책하다보니 은행이 많이 떨어져 있었다.

장갑 끼고 바구니 들고 긴 집게를 준비했다.

은행 알은 나무에서 떨어진 것을 손으로 직접 집으면 옷 오를 수도 있고 냄새는 얼마나 지독한지 집게로 집어야 한다.

은행나무 밑으로 가 은행 알을 하나하나 주워 바구니에 담는다.

풀숲에도 숨어있어 마치 보물찾기라도 하는 것 같다.

그때 나무에서 은행 알이 내 머리 위로 뚝 떨어졌다.

아휴! 이 냄새.

아니, 이렇게 앙증맞은 노란 알에서 어떻게 이런 지독한 오물 냄새가 나는 거지?

자기를 보호하는 방법도 참 여러 가지다 싶기도 하고 하나님의 아이디어가 기발하기도 하며 한편 짓궂기도 하시다는 생각을 하니 웃음이 나왔다.

우리 손녀 지안이가 콩알 주워 먹듯이 한 알 한 알 소쿠리에 담다보니 허리가 아파졌다.

허리도 펼 겸 하늘을 쳐다보니, 와! 청명한 하늘에 흰 구름이 흘러간다.

태화산의 나무들도 하늘에서 가까운 곳부터 물들어가기 시작했다.

와~~ 아름다워라.

떨어진 은행 알을 다 주웠다.
은행나무 위를 쳐다보니 아직 은행이 달랑달랑 달려있다.
다음날에 다시 와서 떨어진 것을 주워야지.
은행을 까서 냉동실에 얼려놓고 밥할 때마다 몇 알씩 넣고 밥

을 하면 영양도 좋고 맛있는 밥이 된다는 생각을 하며 집으로 향했다.

언덕길옆에 지는 코스모스대신 들국화가 피어있다.

그 모습이 너무 귀엽고 사랑스러워 가슴이 설렌다.

철따라 이토록 아름다운 꽃들을 주신 우리 하나님은 정말 멋쟁이세요.

오늘도 고백한다.

'하나님, 사랑해요.'

"너희는 눈을 높이 들어 누가 이 모든 것을 창조하였나 보라 주께서는 수효대로 만상을 이끌어 내시고 그들의 모든 이름을 부르시나니 그의 권세가 크고 그의 능력이 강하므로 하나도 빠짐이 없느니라" - 이사야 40:26

4부

새콤 달콤한
맛을 입속에
가득 머금게
하시는 하나님

25. 고구마 수확

11월로 들어서더니 갑자기 날씨가 제법 쌀쌀해졌다.

아침에 밖으로 나가보니 내 사랑 한련화가 간밤에 내린 서리로 하얗게 사그라졌다.

찾아보았으나 한 송이도 없이 모두 떠났다.

오늘로서 이 땅에서의 마지막 날이다.

한련화 줄기는 유난히 하얀색이라 한파와 서리로 쓰러져있는 모습이 사람이 수명을 다하고 백발이 되어 어느 날 조용히 누워있는 모습을 연상시킨다.

너무 비약한 상상인가.

고맙다.

봄부터 지금까지 내 옆에서 예쁜 모습으로 나를 기쁘게 해주어서.

　내년에 우리 다시 만나자.

　작별하고 돌아서는 내 마음 한쪽이 하얗게 시려와 빨리 뛰어들어왔다.

　다행히 며칠 전에 고구마를 캤다.

　고구마 캐는 날은 마음이 설렌다.

　남편과 관리인과 호미와 삽을 들고 고구마를 캐기 시작했다.

　줄기를 잡아당기면 주먹 만한 고구마가 대롱대롱 달려 나오고 호미로 조심스럽게 옆을 파보면 팔뚝만한 고구마가 가느다란 뿌

리에 붙어있다.

　와, 굉장히 크다~~.

　탄성을 지르며 한 알이라도 놓칠 새라 땅을 열심히 뒤졌다.

　흙이 좋은지 고구마 색깔이 빨간 것이 영양 상태가 좋아 보인다.

　뽀송뽀송한 흙의 감촉이 엄마 살결 같고 땅에서 올라오는 흙냄새가 엄마에게서 나오는 구수하고 훈훈한 냄새 같아 돌아가신 엄마가 그리워진다.

　암 환자들이 요양 삼아 시골에 내려와 농사지으며 흙을 만질 때 흙으로부터 나오는 생기가 온몸의 긴장감을 풀어주며 건강을 줄 수 있다는 생각이 든다.

　엄마의 젖과 사랑을 먹고 아기가 자라듯이 만물이 땅에서 나오는 것을 먹고 살고 있다.

　땅에서 모든 식물이 자라고 그것을 동물들이 먹고, 또 우리 인간들이 그 식물과 동물을 먹고 사니

　결국 땅이 우리를 먹이고 있는데 우리는 얼마나 그 고마움을 느끼며 살아가고 있는지.

　흙과 멀어지기 시작하면서 우리 인간들의 성품도 사랑이 식어

가고 병도 더 많아진 것이라고 하지 않는가.

하나님이 우리를 흙으로 만드셨고 흙으로 돌아갈 테니 우린 흙을 되도록 가까이하며 사랑해야겠다는 생각을 하며 옆 고랑으로 옮겼다.

그 고랑은 응달이라 습기가 많아서인지 고구마를 캐는데 지렁이도 열심히 딸려 나온다.

아, 징그러워!

소리 지르니 남편한테 법석이라고 한소리 들었다.

그래도 달라진 건 전엔 지렁이를 보면 일단 피했는데 지금은 소리는 조금 지르지만 흙으로 잘 덮어준다.

그리고 남편에게 여유 있게 부탁할 정도로 많이 발전했다.

삽질할 때 조심하세요, 지렁이 안 다치게.

땅의 친구인 지렁이가 있기에 땅이 순환도 잘 되고 건강한 땅이 된단다.

나는 땅을 파는 포클레인을 너무 싫어한다.

그 기계가 지나가는 자리는 초토화가 되기 때문에 온 숲속의 나무들과 꽃, 풀들이 긴장한다.

문명의 이기는 어쩔 수 없는 필요 악인가보다.

그래서 무서운 포클레인보다는 징그럽기는 하지만 지렁이가 훨씬 고맙다.

다음엔 지렁이 보면 소리 안 지르고, 어머, 너구나! 해야지.

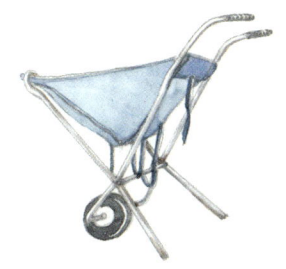

고구마를 다 캐서 수레에 담아 남편은 끌고 나는 뒤에서 밀며 집으로 향하는데 하늘에서 하나님이 물으신다.

얘야, 대지는 엄마면 네 아버지는 누구니?

당근 우리 아버지는 하나님이시지요, 다 아시면서… 하니 빙그레 웃으신다.

오늘 저녁은 고구마 삶아 열무김치하고 먹어야지.

"하나님이 이르시되 내가 온 지면의 씨 맺는 모든 채소와 씨 가진 열매 맺는 모든 나무를 너희에게 주노니 너희의 먹을 거리가 되리라" - 창세기1:29

26. 보석 루비

겨울을 재촉하며 내린 비로 날씨가 제법 쌀쌀해졌다.

곤지암 숲도 봄여름의 생기발랄함과 성숙한 가을의 아름다움을 뒤로 한 채 고요히 겨울의 길목으로 들어섰다.

모든 농작물은 다 거두어졌고 배추와 무도 거두어 땅에 묻어놓았다.

며칠 후에 김장을 하기 위해 그동안 농사지어 말린 고추를 가루로 빻기 위해 방앗간에 갔다.

나는 일 년에 몇 차례 그 방앗간을 간다.

봄엔 쑥떡 하러, 추석과 설엔 떡 빼러 가면 젊은 부부가 열심히 일하는 모습이 보기 좋고 나이 드신 시어머니는 아들내외를 도와

쑥도 다듬고 돈도 받아주시는 풍경이 막 쪄낸 시루떡에서 나오는 구수한 냄새같이 가족의 훈훈한 향기가 있는 방앗간이다.

  한쪽에서 가래떡이 구멍을 통해 김이 모락모락 나며 길게 나오는 모습을 보며 기다리는데 내 고추가 벌써 다 빻아졌단다.

  4,000원에 그렇게 많은 고추를 곱게 빻아준 그들이 고마워 이 방앗간이 잘되기를 기도하는 마음으로 문을 나섰다.

  언덕길을 올라오며 텅 빈 들녘을 바라보니 농작물을 심고 가꾸며 느꼈던 경이에 찬 시간들과 흘린 땀방울들이 생각나며 다시 한 번 대지에 감사한 마음이 든다.

  봄부터 씨앗을 품어 비바람 이겨가고 벌레들의 공격과 싸우며 농작물들을 키워 내느라 수고가 많았으니 너희들도 푹 쉬어야겠지.

  내년 봄을 기약하면서.

  화사하고 아름다웠던 숲이 회색으로 퇴색하며 겨울옷으로 갈아입어서 스산한 분위기가 느껴지는 걸까.

  찌뿌듯한 하늘을 올려보느라고 고개를 쳐든 순간 빨간 보석들이 내 눈에 들어왔다.

다름 아닌 산수유 열매다.

열 그루의 산수유에 선홍색의 열매가 주렁주렁 열려있는 풍경을 보는 순간 날씨 때문에 흐려지려 했던 내 마음에 빨간 불이 켜졌다.

와, 빨간 루비 같다!

이게 다 루비라면 난 굉장한 부자겠다.

이걸 다 팔면 지구상에 굶어 죽는 어린이들을 먹여 살릴 수 있을까?

굶주림으로 죽어간다는 아프리카의 초롱초롱한 눈망울을 가진 어린아이들이 생각난다.

어린이들은 무조건 보호받아야 되는데 마음이 무거워지려 해서 얼른 열매 한 알을 따서 입에 물으니 새콤달콤 떨떠름하다.

산수유는 참 매력적인 나무다.

봄소식을 제일 먼저 알려주는 꽃이 산수유 꽃이다.

다른 나무들은 이파리도 안 트는 이른 봄에 샛노란 왕관 모양의 꽃을 흐드러지게 피워 봄이 왔음을 알려준다.

또한 열매 중에 가장 많이 햇살을 흡수한다고 해서 태양의 선물로 불린다.

열매는 서리가 내리고 잎이 떨어지면 나무 아래 비닐을 깔고 장대로 털어 씨를 빼고 말려 귀한 한약재로 쓰인다는데, 원하는 사람이 있으면 누구든지 따가게 하고 나머지는 겨울동안의 꽃으로 즐긴다.

겨울이 깊어지면 꼬들꼬들 건포도 모양이 되며 오다가다 한 알씩 따먹으며 봄을 기다린다.

"눈물을 흘리며 씨를 뿌리는 자는 기쁨으로 거두리로다 울며 씨를 뿌리러 나가는 자는 반드시 기쁨으로 그 곡식 단을 가지고 돌아오리로다" - 시편 126:5,6

27. 빠른 세월

세월이 유수 같다느니 화살 같이 달린다는 등 시간의 빠름을 표현하는 말속엔 아쉬움이 들어있는데 세월의 빠름만 탓할 것이 아니라 얼마나 의미 있는 시간을 보냈나를 생각해 보아야겠다.

흔히 말하기를 20대는 20킬로미터, 40대는 40킬로미터, 70대는 70킬로미터로 세월이 달린다고 한다.

나 역시 그 말에 실감을 느끼며 살고 있지만 왜 그런지 의아했었다.

오히려 한창 일이 많은 왕성한 나이에 세월이 정신없이 가고 나이가 많아질수록 일이 없어지고 한가해지니 세월이 안 가는 것처럼 느껴져야 되는 게 아닌가 생각했었다.

얼마 전 어느 정신과 의사의 글에서 그렇게 느껴지는 것은 너무 일상생활이 습관화되어 있기 때문이란다.

　점점 나이가 들수록 새로운 일보다는 매일 같은 일을 하다 보니 쉽게 시간이 간다는 것이다.

　그러고 보니 처음 가는 길은 갈 때는 멀어 보여도 올 때는 갈 때보다 가깝게 느껴진다.

　또 외국여행을 해보면 불과 며칠만 지나도 한국 떠나온 지 오래된 것 같은 생각이 든다.

　그것은 여행 중에 새로운 것을 매순간 접하게 되니 긴 시간을 보낸 것처럼 느껴지는 것과 같은 이치인가 보다.

　그렇다면 나이 들어간다고 너무 안주해 시간을 쉽게 흘려보낼 것이 아니라 뭔가 새로운 일을 찾아 의미 있는 시간을 보낸다면 세월의 속절만 탓하지는 않는 젊은 속도로 달릴 수 있겠지.

　나 자신의 지난 일 년을 돌이켜보았다.

　곤지암 숲으로 이사 온 지 6년째다.

　자연과 함께 바쁜 나날이었다.

　자연은 매일이 다르다.

　하루하루 달라지는 자연 속에서 하나님의 사랑과 질서를 깨달아가며 매일이 감사한 날이었다.

단지 아쉬웠다면 맘껏 독서를 못했다는 것이다.

6년 전 처음 이곳으로 올 때는 시골생활이라 단조로워 독서할 시간이 많을 줄 알았다.

서울의 친구들도 시골에서 심심하고 무료해서 어떻게 사느냐고 하지만 심심하고 무료할 틈이 없다.

농사는 때를 놓치면 일 년 농사를 망치므로 때 맞춰 씨 뿌리고 풀 뽑고 시간 나는 대로 벌레 도 잡아줘야 하고 가뭄엔 물도 줘야 하고.

꽃밭도 깨끗이 가꾸려면 부지런을 떨어 시든 꽃은 잘라주고 풀도 열심히 뽑아줘야 한다.

시골생활 구경 온다고 하는 친구들도 많아 손님 접대도 만만치 않다.

이래서 독서할 시간이 부족한 것만은 아니다.

아침에 일어나면 나는 '생명의삶' 책을 가지고 그날의 말씀 묵상을 한다.

일어나서 창문 커튼을 젖히면 사방으로 숲이 훤하게 드러난다.

새들의 지저귐이 요란하게 들리면 그때부터 나는 갈등에 싸인다.

빨리 밖에 나가고 싶다.

채소들은 밤새 얼마나 자랐는지 궁금하고 시원한 공기 마시며 산책하고 싶어 진득하게 말씀묵상을 못할 때가 많다.

그래서 그날의 말씀을 써서 가지고 산책하며 묵상하기도 한다.

이제 겨울이니 농사일도 없고 밖의 날씨도 추우니 밀렸던 독서를 많이 해야겠다.

물론 성경과 기도를 중심으로.

온 대지가 겨울의 쉼으로 내년 봄을 기대하듯이 나도 겨울동안 내 영혼의 쉼과 양식인 말씀과 기도로 준비하여 찬란한 봄을 준비해야겠다.

"세월을 아끼라 때가 악하니라 그러므로 어리석은 자가 되지 말고 오직 주의 뜻이 무엇인가 이해하라" - 에베소서5:16-17

28. 행복한 눈

창문 너머로 보이는 키 큰 회색의 목련나무 위로 눈이 펑펑 오려는지 잔뜩 회색빛 하늘이다.

나는 개띠도 아닌데 눈이 오면 소리 지르며 좋아한다.

눈의 모양이 참 신기하게 예쁘다.

다 하늘에서 얼어서 내려오는데 얼음덩어리로 떨어진다거나 크기도 중구난방 떨어질 수 있을 텐데 똑같은 크기로 하늘하늘 내리는 모습이 너무 아름답다.

마치 하늘에서 하나님이 얼음가루를 솜사탕처럼 가루를 내서 훅~ 하고 뿌려 주시는가 보다.

봄 여름 가을과는 달리 겨울 시골풍경은 썰렁하지만 한 번씩 눈이 오면 온 천지가 동화 속으로 변한다.

　나무마다 눈꽃송이가 피고 을씨년스러웠던 밭들 위엔 흰 눈으로 덮여 포근해보인다.

　눈꽃의 형태도 다르며 햇빛을 받아 반짝이는 눈꽃들이 황홀해 기분이 한껏 고조된다.

　나는 겨울, 특히 눈이 내릴 때 일본에 욘사마 열풍을 일으킨 드라마 겨울연가의 삽입곡으로 유명해진 하얀 연인들을 피아노곡으로 듣는 걸 좋아한다.

　부드러운 커피를 마시며 피아노 선율과 함께 밖의 눈 풍경을 감상하노라면 내가 마치 동화속에 나오는 백설공주라도 된 듯 마냥 행복해진다.

그래, 눈아 펑펑 내려라.

밤새도록 내려 온 천지가 하얀 나라가 되도록 해보렴.

음악과 함께 어린아이와 같이 이런 저런 공상에 젖어 밖을 내다보는데 깜순이네 가족 여섯 마리가 눈밭에서 뛰고 장난을 치는 모습이 어찌나 귀여운지, 쟤네들도 나만큼 좋은가보다.

나는 귀찮다는 남편에게 잠바를 입히고 털모자도 씌웠다.

나도 오리털 잠바를 껴입고 머플러를 두르고 장갑을 끼고 밖으로 나갔다.

개들은 기다렸다는 듯이 우리 주위에 몰려들며 펄쩍펄쩍 뛰며 좋아라 한다.

자, 따라와. 뒷산으로 올라가자.

아무도 안 밟은 산책길을 우리가 처음 발자국을 내보자.

개들은 익숙한 산책길이라 앞장서 서로 질세라 뛰어올라간다.

하얀 눈밭에 강아지 여섯 마리가 이리 뛰고 저리 뛰며 달리니 금방 난장판이 되었다.

  그래도 행복하다.

  눈이 밤새도록 내리면 저 발자국들은 다 덮어질 테니까.

  우리 죄가 아무리 붉은 주홍 같을지라도 보혈로 깨끗해진다는 말씀이 생각나 아멘아멘 하니 눈길이 더욱 아름다워 보였다.

  남편과 흰 눈을 밟으며 세상 끝까지라도 가고 싶지만 숲속은 금방 어두워지니 아쉬운 마음을 뒤로 하고 내려오기로 했다.

  눈덩이를 굴리며 내려오는데 개들이 서로 장난치며 뛰다가 제법 큰 눈덩이를 밟아 깨져버렸다.

  저 짓궂은 녀석들.

  눈 뭉치를 장난삼아 개들에게 던졌더니 쏜살같이 집으로 뛰어 내려간다.

  겨울에 눈이 없다고 생각하면 참 낭만도 없고 얼마나 삭막한 긴 겨울일까 하는 생각이 들며 하나님께 감사하다.

  우리 하나님께서는 철따라 때에 맞춰 우리에게 필요한 것을 공급하시니 우리를 사랑하시는 마음이 얼마나 섬세하시며 지극하신지 가슴이 꽉 차오른다.

  눈이 많이 오면 그 다음 해는 풍년이라는데 올해 눈이 많이 오기를 기대해본다.

이해인의 시 한 구절이 떠오른다.

부질없는 근심도 끈적거리던 우울도 모두 눈 속에 녹아라
어둠을 걷고 밝게 웃는 하얀 세상에 나는 다시 살고 싶어라
나는 당신의 어여쁜 눈사람이 되어 당신의 가슴에서 녹아내리고 싶어라

"여호와께서 말씀하시되 오라 우리가 서로 변론하자 너희의 죄가 주홍 같을지라도 눈과 같이 희어질 것이요 진홍 같이 붉을지라도 양털 같이 희게 되리라" - 이사야 1:18

29. 사랑의 김치

오늘은 김장을 했다.

이곳으로 온 후부턴 김장이 큰 행사가 됐다.

직접 농사지은 배추이니 주위에 조금씩이라도 돌리다 보면 이틀은 꼬박 매달려야 한다.

이번 배추농사는 잘됐다.

비료나 농약 한 번 안 준 무공해 배추 140포기가 동글동글 예쁘다.

어제는 배추를 절이고 파 마늘 생강 등 모든 양념거리를 씻어 준비하고 통통한 무를 채 썰어서 준비해놓았다.

미나리는 씻어 물속에 10원 짜리 동전을 넣어두면 거머리가 빠진다고 해 동전 몇 개를 넣어놓았다.

　마침 날씨가 춥지 않아 밖에서 일하는데 다행이었다.
　내일 140포기 속을 넣으려면 시간이 꽤 걸릴 텐데 춥지 말기를 바라며 노란 큰 고무 통 두 개에 담긴 배추들에게, 잘 절여지거라 하고 토닥거려주었다.

　이렇게 김장 준비를 하다 보니 어렸을 적 김장하던 생각이 난다.
　그땐 왜 그렇게 추웠는지.
　형제도 많은데다 겨울의 주된 양식이 김치였으니 배추도 밭에 가서 한 고랑을 밭채로 샀던 기억이 난다.
　엄마는 그걸 다듬어 절여 놓고 추운 한밤중에 배추 잘 절여지라고 뒤집어 주려 일어나셨는데 손이 시려 뜨거운 물을 떠다놓고 녹여가며 하시던 생각이 난다.
　김장하는 날은 온 동네 아줌마들이 아침부터 모여들어 배추 씻고 자기 집에서 가지고 온 칼로 양념 썰고 무 썰어가며 도와주곤 했다.

　김장하는 날은 잔칫날 같았다.
　온 동네 아줌마들이 다 모여서 마루에서 웃고 떠들며 김장하다가 점심으로 얼큰한 동태찌개를 한 냄비 가운데 놓고 금방 버무린 겉절이를 곁들여서 먹으면 그 맛이 꿀맛인지라 힘든 것도 다 잊고 이웃의 정을 나누는 모습이 어린 나에게도 행복해 보였다.

　지금은 김장이라고 해서 별다른 의미가 없어져간다.

　딤채라는 것이 생겨 한번 김치 담그면 사시사철 먹을 수 있고 식구도 단출하고 많이 담지도 않으니 우리 어렸을 적 김치 담던 동네 잔치풍경은 점점 없어져간다.

요즘은 김치공장이 생겨 공장에서 모든 준비를 해놓고 동창들이나 친척들이 모여 같이 김치공장에 가서 자기 집 취향대로 젓갈과 양념을 선택해 놓으면 택배로 부쳐준다니 그것도 참 괜찮은 신종 김치 담그는 문화다 싶다.
　친척들이나 친구들과 나들이도 하고 같이 떠들고 웃으며 김치 담그면 김장이 큰 짐이 안 될 듯싶다.

　오늘 새벽에 일어나보니 안개가 끼었다.
　안개 낀 날은 포근한 날이라 김장하기에 좋은 날씨이다.
　140포기의 김치와 알타리 무, 깍두기까지 하려면 날씨가 추우면 고생이다.

　역시 시골이라 어린 시절만큼 동네잔치는 아니지만 그래도 인심이 좋아 동네 아주머니 네 분이 도와주시러 와 자기 집 농사이야기, 손자 자랑 등 이야기꽃을 피우며 김장을 했다.
　옛날 생각이 나 생태찌개를 한 냄비 끓이고 싱싱한 겉절이와 함께 점심을 맛있게 먹고 커피까지 한 잔씩 하니 이게 사람 사는 맛이구나 싶은 게 힘은 들지만 흐뭇하다.
　찜질방에 가서 몸 풀자고 부지런히 하니 세 시쯤 끝났다.

보내야 할 곳이 많아 김치 통에 담아 이름을 다 붙이고 보니 열 군데다.

우선 딸, 아들, 친정어머니, 혼자 사는 남자조카, 요즘 열심히 투병중인 친구 등 이름표 붙인 김치통과 작은 겉절이 통이 주인을 기다리며 줄지어 있는 모습을 보니 흐뭇한 마음이 더해진다.

겨우 내내 무공해 김치가 식탁에 올라오겠지.

내일은 김치 배달가야지.

사랑의 김치를 싣고.

"보라 형제가 연합하여 동거함이 어찌 그리 선하고 아름다운고 머리에 있는 보배로운 기름이 수염 곧 아론의 수염에 흘러서 그의 옷깃까지 내림 같고 헐몬의 이슬이 시온의 산들에 내림 같도다 거기서 여호와께서 복을 명령하셨나니 곧 영생이로다" - 시편133:1-3

30. 흐르는 물

날씨가 매서워졌다.

곤지암 숲은 서울보다 2,3도 낮아서 연못의 물이 꽁꽁 얼었다.

겉은 두껍게 얼었지만 밑바닥으론 물이 산에서 흘러 연못으로 들어가기 때문에 얼지 않아 잉어, 붕어, 피라미들이 느릿느릿 움직이고 있다.

흐르는 물은 썩지도 않고 얼지도 않는다.

마당에 수도꼭지들도 얼지 않게 하기 위해 물줄기를 약하게라도 틀어놓아야 한다.

처음 이곳으로 이사 와서 연못이 얼면 고기들이 다 죽을 것을 걱정했다.

옛날 우리 아이들이 어렸을 때 뜰 한쪽에 연못을 파고 잉어 몇 마리와 붕어를 키운 적이 있었다.

그해 첫겨울 어느 아침에 연못에 나가보니 꽁꽁 언 얼음 밑이 울긋불긋 화려했다.

무슨 일인가 가만히 보니 얼음 밑으로 고기들이 다 죽어 화려한 무늬를 그려놓고 있었다.

너무 속상하고 어이없었다.

이유를 알아보니 연못이 얼면 산소가 부족해서 고기들이 죽으니 산소가 들어갈 수 있도록 구멍을 내주고 얼지 않도록 해주어야 한다고 한다.

그래서 물속에 맞는 조그마한 히터를 구입해 연못에 구멍을 뚫고 넣었더니 얼지 않아 산소공급이 되므로 그 다음부턴 죽지 않았던 경험이 있었다.

6년 전 이곳으로 이사와 첫겨울에 여긴 더 추우니 얼음이 얼면 고기들이 다 죽겠구나 싶었다.

연못도 크고 해서 만년필만한 히터를 몇 개 넣었다.

문제는 두 달 후였다.

한전에서 갑자기 전기계량기가 엄청 올라가서 조사하러 나왔단다.

시골은 농사용 전기가 있다.

농사를 짓기 위해 사용하는 전기는 농사용으로 가정용에 비해 무척 싸다.

우린 밖에 있는 연못은 농사용 전기를 써도 될 것이라 생각했다.

그런데 한전에서는 겨울철인데 웬 농사용 전기를 이렇게 많이 사용하나 이상하게 생각하고 혹시 가정에서 도용하나 싶어 조사하러 나온 것이다.

검침원 아저씨는 어이가 없다며 연못이 무슨 농사냐며 연못에 들어간 계량 숫자를 가정용으로 바꿔 계산하고 거기다 벌금까지 해서 장장 100만 원 가량의 전기세가 나와 큰 곤욕을 치뤘다.

그래서 고기 몇 마리 살리자고 그렇게 엄청난 전기세를 지불할 수 없다는 생각에 그 다음 겨울엔 그냥 놔뒀는데 희한하게 고기들이 한 마리도 안 죽고 봄까지 잘 산 것이다.

알고 보니 산에서 겨울에도 조금씩 계속 물이 흘러 연못 속으로 들어가 산소 공급이 되므로 연못 위는 꽁꽁 얼어도 고기들이 살았던 것이다.

살아있다는 것은 이런 추위도 이길 만큼 대단한 힘이 있다는 걸 다시 느꼈다.

살아있는 작은 물고기는 강을 거슬러 올라가도 죽은 큰 물고기는 떠내려가듯이 생명의 힘이 얼마나 대단함을 본다.

나의 믿음도 점검을 해보게 된다.

죽은 큰 믿음이 아니라 작아도 살아있는 믿음을 가지고 있어야겠다고.

"예수께서 이르시되 나는 생명의 떡이니 내게 오는 자는 결코 주리지 아니할 터이요 나를 믿는 자는 영원히 목마르지 아니하리라" - 요한복음 6:35

31. 소중한 여행

　남편과 함께 3주간 중국여행을 하였다.
　중국 남쪽인 해남도 섬과 상해를 거쳐 서울에 도착하니 하얀 도시로 변해 있다.
　떠날 때만 해도 겨울답지 않게 따뜻했는데 갑자기 눈과 한파가 전국을 휩쓸었다고 한다.
　자연의 변화 앞에 우리 인간이 얼마나 나약한가를 실감하며 과학과 문명으로 바벨탑을 쌓을 것이 아니라 하나님 앞에 또한 자연 앞에 겸허한 자세를 가져야겠다는 생각을 다시 하게 된다.

　이번 중국여행에서는 많은 것을 느꼈다.
　해남도는 중국의 남쪽에 있는 도시로서 우리나라 제주도 같은 섬으로 일년내내 따뜻한 휴양도시다.

  그곳 휴양지 안에 있는 리조트에서 열흘 정도 묶었다.

  날씨는 따뜻하고 꽃들도 많이 피어있고 큰 야자수 나무에는 박만한 코코넛 열매가 주렁주렁 열려있어 아름다운 환경이었다.

  그런데 나는 처음 며칠간 적응하기가 어려웠다.

  아침에 눈을 뜨면 밖에서 중국 유행가가 들려온다.

  리조트 안 곳곳에 설치한 스피커를 통해 하루 종일 밤늦은 시간까지 같은 곡을 내보낸다.

  아마 CD한 장이 계속 돌아가는 모양이다.

  내 귀는 원하지 않아도 그 리조트 안에 있는 이상 그 곡을 들어야 한다.

  결국 내 귀는 자유를 잃어버린 셈이다.

  그런데 그 안에 묶고 있는 어느 누구도 불평을 안 하는 모양이다.

  오랜 공산주의 문화에 젖어있어 귀의 자유 빼앗기는 것쯤은 느낌이 없는 것일까?

나는 하루 종일 같은 곡을 들어야 하는 짜증을 피해 리조트 밖으로 산책을 자주 나갔다.

들판을 거닐며 만나는 갖가지의 꽃들과 새들이 내 불편했던 심기를 눈 녹듯 녹여준다.

나는 어느새 소녀가 된 듯 마음이 살랑 살랑 들뜨며 꽃들과 인사를 나눈다.

꽃송이들은 내가 오기를 기다렸다는 듯이 바람에 살랑이며 반가워한다.

자연은 사람의 마음을 치료해준다더니 다시 리조트로 돌아오는 내 마음은 꽃향기로 채워졌다.

들판에 핀 꽃 한 송이도 이렇게 특별한 만남처럼 여겨지는데, 이 중국 땅에서 만나는 사람들 또한 소중한 만남이라는 생각이 들자 식당에서 음식을 해주는 사람들, 리조트 종업원들까지 그저 무조건 감사하고 귀하게 생각이 든다.

그러면서 서울에 두고 온 나의 가족, 친지, 친구, 이웃, 교우들 생각이 났다.

이 넓은 지구상에서 같은 시대 같은 장소에서 만나며 산다는 것이 생각하면 기적과 같은 소중한 일이라는 생각이 들며 잠깐이면 없어질 시간들이니 귀하게 서로 사랑하며 살아야겠다고 다짐해보았다.

살다보면 원치 않는 만남도 있겠지만 그것마저 받아들이고 서로 용서하며 살라하신 것이 하나님의 뜻이 아닐까.

이래서 여행이 좋은 모양이다.

잠시 내가 있는 곳에서 떨어져 모든 것을 객관적인 눈으로 볼 수 있는 여유가 생겨 다시 곤지암으로 돌아왔다.

"사랑은 오래 참고 사랑은 온유하며 시기하지 아니하며 사랑은 자랑하지 아니하며 교만하지 아니하며" – 고린도전서 13장4절

365일 자녀축복 안수기도문

일년 내내 성경말씀과 함께
자녀를 축복하며 안수하십시오!

정요섭 지음
국반판 / 400쪽 / 값9,500원

예수님 마음 품게 하소서

공관복음서에서 180개 주제 각 3가지 교훈을 통해 / 예수님의 마음을 찾고 배워 / 예수님 닮은 생활을 하도록 한 책!

송용필 지음
신국판 / 384쪽 / 값15,000원

혀의 권세

당신의 미래, 운명을 좋게 바꿔주는 혀-
하나님이 약속하신 말씀을 믿고
당신의 것으로 주장하고
예언하는 법을 배우십시오!

톰 브라운 지음
신국판 / 200쪽 / 값9,000원

예수님 성품 닮게 하소서

사도행전, 로마서, 고린도서, 갈라디아서, 에베소서, 빌립보서, 골로새서, 데살로니가서에서 180개 주제 각 3가지 교훈을 통해 / 예수님의 성품을 찾고 배워 / 예수님 닮은 생활을 하도록 한 책!

송용필 지음
신국판 / 384쪽 / 값15,000원

직통기도 직통응답

당신의 기도가 바로 응답되는 법을 제시한 책!

프란시스 가드너 헌터 지음
국판 / 224쪽 / 값9,000원

고통과 시련

일이 꼬이고, 까닭 모를 가난, 질병, 적대적 환경으로 고통 받고 있다면 — 이 책의 메시지가 당신의 삶에 적용되면 당신의 삶을 형통하게 될 것이다!

레베카 브라운(Rebecca Brown) 외 지음
신국판 / 240쪽 / 값10,000원

**꽃 향기, 풀내음 가득한
자연에서 만나는 하나님**

지은이 | 김정숙
발행인 | 김용호
발행처 | 나침반출판사

초판 1쇄 발행 | 2012년 5월 15일

등 록 | 1980년 3월 18일 / 제 2-32호
주 소 | 157-861 서울 강서구 염창동 240-21
　　　　블루나인 비즈니스센터 B동 1607호

전 화 | 본　사(02)2279-6321
　　　　영업부(031)932-3205
팩 스 | 본　사(02)2275-6003
　　　　영업부(031)932-3207

홈페이지 | www.nabook.net
이 메 일 | nabook@korea.com
　　　　　nabook@nabook.net

ISBN 978-89-318-1440-8
책번호 가-9034

값은 뒷표지에 있습니다.